오늘도 당신의 삶을 응원합니다!

소중한 _____에게

요즘 마흔을 위한 마음 챙김

요즘 마흔을 위한 마음 챙김

**인생 절반쯤
다시 살펴보는
인생관 5가지**

소사장소피아(박혜정) 지음

이너북
INNERBOOK

마흔쯤, 비로소 보이는 것들

　인생의 절반쯤에 도착하며, 그동안 여러 가지 삶을 경험했다. 사회에서의 치열한 경쟁, 꿈의 성취, 가족과의 갈등, 진한 사랑과 생명의 신비도 경험했다. 그 모든 것이 모여 지금의 나를 만들어 주었다. 이제는 꽤 성숙한 인간이 되었을 법도 한데, 나는 여전히 실수투성이에 미성숙하기만 하다. 역시 마흔이 되었다고, 갑자기 삶의 지혜가 샘솟는다거나, 인생을 깨우쳤다거나 하는 건 없었다.

　게다가 에너지가 더 이상 넘치지도 않고, 체력이나 기억력, 신체 능력은 확실하게 떨어졌음을 느낀다. 수영을 한 날은 저녁까지 수경 자국이 지워지지 않아 피부 탄력이 떨어졌음을 체감한다.

나이 들어 좋을 게 뭐가 있겠는가? 장점보다는 단점을 더 늘어놓을 수 있다. 죽음의 두려움을 늘 갖고 사는 인간이 죽음과 가까워지는 나이 듦을 예찬하는 것은 불가능한 일이라 생각한다. 그럼에도 이제부터 마흔의 이야기를 해 보려 한다. 결국 별수가 없으니까 말이다. 받아들여야 하는 일이고, 이왕이면 기꺼이 좋게 받아들여서 남은 시간도 잘 살아 봐야 하지 않겠는가? 그게 나의 솔직한 마음이다. 또 따지고 보면 나쁜 것만 있는 것도 아니니까.

마흔이 넘으니, 비로소 보이기 것들이 있다. 삶을 살아가는데 요령이 생겼다. 사람을 보는 눈이나, 상대를 대하는 노하우를 조금 더 갖게 되었다. 내가 어떤 상대를 불편하게 생각하고 상처를 받는지, 어떤 사람을 좋아하고, 어떤 인간관계를 만들어 나가고 싶은지 이젠 조금 알 것 같다. 타인에 대한 기대치가 낮아졌고, 덜 상처받는다. 사람으로부터 나를 지키는 힘이 세졌다.

삶의 복잡함과 깊이도 더 이해하게 되었다. 화려한 겉모습보다는 단단한 내공의 사람을 지향하게 되었고, 묵묵하게 하루하루를 살아가는 평범한 사람들이 얼마나 대단한 사람들임을 깨닫게 되었다. 고되고 반복되는 삶의 과정을 버텨내는 자들을 존경하게 되었다.

사회적 기대와 가족의 책임이 무겁게 느껴질 때도 있지

만, 이를 통해 성장하고, 나 자신을 더 알아갈 수 있는 계기가 되었다. 역경은 힘들지만, 삶의 다른 모습을 보게 해주니, 삶의 모든 과정은 다 가치가 있는 일임을 알게 된다. 보통의 것, 평범한 일상에 소중함과 감사함을 점점 더 알게 된다.

사회에서 요구하는 성공의 기준, 남들이 정해 놓은 행복의 모습에 갇혀 있던 시절을 지나, 이제 진정으로 중요한 것이 무엇인지 묻기 시작했다. 나의 한계치와 능력치도 더 정확히 알게 되었고, 받아들이는 자세도 유연해졌다. 나 자신이 무엇을 좋아하고 싫어하는지, 나의 진짜 속마음과 생각에 대해 더 잘 알게 되었다. 타인에게 잘 보이기 위한 행동이 줄고, 나를 표현하는 노력이 늘었다. 함께 마흔의 고지를 넘으니, 나 자신과 조금 더 친해진 기분이다.

돌아보니, 결코 쉽지 않은 시간이었지만, 그럼에도 잘 살아온 것 같다. 삶이라는 마라톤에서 반환점에 무사히 도착한 나 자신과 당신에게 시원한 생수와 힘이 나는 초코바를 건네주고 싶다. 그리고 나와 당신을 꼭 안아주고 싶다.

이제 반환점을 돌아 남은 거리를 다시 출발해야 한다. 어떤 이는 진정한 자신을 찾기 위해 새로운 도전을 하고, 어떤 이는 소중한 관계를 재정립하고, 또 어떤 이는 이제까지 간과해왔던 작은 행복을 소중히 여기기 시작하면서 자세를 가다듬는다.

이 책은 각자의 모습으로 마흔을 보내고 있는 이들을 위한 이야기다. 나의 이야기는 곧 당신의 이야기일 것이다. 이 책이 외롭게 고군분투하고 있을 이 시대의 마흔들에게 서로의 존재를 확인시켜 주는 계기가 되길 바란다.

서로 공감하고, 위로하며 다시 힘을 내어 결승선을 향해 나아가 보자. 내가 받은 용기와 따뜻한 온기가 당신에게도 더해져 그 길을 더 힘을 내서 행복한 완주를 하였으면 한다.

우리의 마흔 이야기를 시작해 보자.

Part 3

부와 성공

Part 4

몸과 마음

Part 5

행복

Part 1

역할과 책임

"경험을 현명하게 사용한다면,
어떤 일도 시간 낭비는 아닙니다."
— 오귀스트 르네 로댕

마흔 살이 일하는 법

30대 초중반에 아이 둘을 낳아 키우면서 가장 바쁜 시기를 보내고 있는 줄 알았는데, 마흔이 되니 더 바빠서 놀랐다. 아이들은 초등학생이 되어 혼자 옷도 입고, 밥도 차려 먹을 정도가 되어 많이 여유로워졌지만, 그렇다고 해서 엄마 손을 필요로 하지 않는 것은 아니다. 봐줘야 하는 숙제가 있고, 놓칠 수 없는 학원 픽업 스케줄이 있다.

부모님의 건강은 더 나빠졌고, 내 체력도 마흔이 되니 힘에 부치는 걸 많이 느낀다. 젊고 체력 좋고, 시간도 많은 사람과 경쟁하는 건 애초에 어려운 느낌이고, 더 늦기 전에 뭔가를 만들어 봐야 한다는 조바심도 더해진다. 가장 바쁜 마흔 살, 역할과 커리어 사이에서 어떻게 잘 해낼 수 있을까?

나의 주 업무 시간은 아침에 아이들이 일어나기 전, 학교에 가 있을 때, 저녁 식사 후에 하는 편인데, 그 마저도 아이들의 상황이나 집안의 일정으로 틀어지기 일쑤다. 아무래도 물리적으로 일할 수 있는 시간이 적다 보니, 결과물을 만들어 내는 속도도 느려지고 다시 조바심이 생기는 악순환에 빠지곤 한다. 스스로의 역량 부족에 자책하기도 하고, 열정만큼 따라주지 않는 체력 때문에 화가 나기도 한다. 이런 과정을 지금도 때때로 겪고 있지만, 그럼에도 이젠 나름의 요령을 터득해서 잘 조율해 나가면서 살아가고 있다.

마흔쯤, 일을 바라보는 나의 관점은 20대나 30대 때와는 아주 달라졌다. 사실 마흔이라는 나이보다 엄마라는 역할이 주는 영향이 더 크게 작용하는 것 같다. 20~30대 때는 무조건적으로 성과만을 보고 달렸다면, 이젠 엄마의 역할을 잘 하면서도 같이할 수 있는 일, 가정과도 균형을 맞출 수 있는 일을 우선적으로 고민하게 된다. 제약이 있는 상황에서 내가 하고 싶은 일을 할 수 있는 방법을 끝없이 찾고, 계속 개선하면서 고민한다.

어떤 프로젝트를 시작하면 그만큼 시간이 필요하고, 그만큼 가정에 신경을 쓸 수 없게 되니, 이런 부분은 남편과 아이들에게 충분히 설명하고 도움을 요청한다. 그럼에도 아이들 때문에 포기할 수밖에 없는 상황도 많고, 이런 선택을 계속 지속하다 보면 당연히 같은 업계의 다른 이들이 나를 훨씬 앞질러 나가는 것을 바라볼 수밖에 없다. 그들이 시속 100킬로미터로 달릴 때, 난 어린이 보호 구역을 조심조심 지나가는 느낌이다. 타인의 속도와 결과물을 보고 있으면 속상하고, 아쉬울 때도 많다. 그래서 나도 속도를 내 보려고 스스로를 밀어붙이고 진행해 본 적도 있다. 그런데 내 마음과 다르게 결과적으로 주변 사람을 더 불편하게 만들고, 나 자신도 불행해졌다.

그런 시행착오를 겪으며 지금은 나의 한계와 상황을 인정하고 받아들이고 있다. 이런 상황을 자연스럽게 수긍하기까지 꽤 오래 걸렸던 것 같다. 지금은 내가 하지 못하는 부분을 속상해 하고 있기보다는 내가 할 수 있는 것과 하고 있는 것에 집중하려고 노력한다.

예전엔 큰 야망을 보고 달렸다면 지금은 작은 것 하나에 집중하고, 그것을 소홀히 하지 않으려고 한다. 인맥을 넓히는 대신 만나는 한 사람의 인연을 소중하게 대하려고 노력하고, 지금 이 순간 내가 할 수 있는 작은 것에 집중하다 보니, 마음이 한결 평온해졌다. 만족감은 더 커졌고, 다시 일의 효율도 올라갔다.

나는 원고를 쓰거나 일이 더해지면 딱 그만큼 다른 하나를 못 한다. 남들은 점점 업무 효율이 좋아져서 속도가 빨라지고, 점점 더 많은 일을 해내는 것 같은데… 나의 에너지는 꽹

장히 한정적이고, 늘 생각이 없는 것 같다. 너무 바빠 SNS를 하지 못했던 적이 있었다. 그런데 그 기간이 오히려 삶의 만족도가 높았고, 스스로에게 집중하고 있는 기분이 들었다.

우리는 사실 각자 다른 재능을 가지고 있고, 각자 잘 할 수 있는 일이 따로 있다. 그렇지만 (온라인에서) 너무 타인들과 함께 지내다 보니, 진짜 나를 계속 잃어버리고 있다. 그들이 좋아하는 것을 내가 좋아하게 되고, 그들의 생각이 내 생각이 되기도 한다. 그들이 하라는 일(스마트스토어, 구매대행, 블로그마케팅, 인스타마케팅, 책 쓰기 등등)까지 따라 한다. 시간이 갈수록 자신을 더 알아가고, 찾아가야 하는데, 거꾸로 자신을 계속 잃어버리는 상황이다.

결국 커리어와 늘어나는 역할 사이에서 잘해 나가기 위해 가장 필요한 것은 나에게 집중하는 시간을 갖는 일이다. 내가 삶에서 무엇을 중요하게 여기고, 어떤 것을 잘하고 좋아하는지, 어떤 상황이 힘든지 등등 자신을 더 잘 알수록 성과도 좋아졌다. 너무 많은 책임과 일들로 정신이 없을 수록 자신을 만나는 시간을 가져 보자.

스스로를 찾고, 나를 조금 더 발견해 나가는 하루를 보낸다면 바쁜 마흔 살의 시간을 무사히, 그리고 더 행복하게 보낼 수 있을 것이다.

나는 오늘 마라탕을 시킨다

아이를 낳고 부모가 되었다. 아이들은 콩나물처럼 하루가 다르게 무럭무럭 잘 자라고 있다. 신생아 때는 2시간마다 깨서 젖을 주고, 기저귀를 갈아주고, 안아주는 등 24시간 곁에서 밀착해서 보살펴주어야 했다.

그런데 어느새 스스로 옷도 입고, 밥도 혼자 챙겨 먹고, 가방도 직접 챙겨 등교할 수 있을 정도로 자랐다. 언제 이렇게 컸는지 너무 기특하다. 한편으로 내 손을 점점 떠나는 것 같아 아쉬운 생각도 든다.

점점 부모로서 해 줄 것이 줄어들고 있다. 결국 빨리 커버리는 아이에게 무엇이 남을까 생각해 보면 인생 선배로서의 '본보기'가 되는 것이 아닐까. 그럼 나는 어떤 모습으로 본보기가 되고 싶은가 고민해보면 결국 잘 먹고, 잘 놀고, 잘 사는 행복한 모습이다.

'나는 부모님의 어떤 모습을 가장 보고 싶었는지' 자문해 보자 이런 답이 나왔다. 내가 가장 보고 싶은 부모님의 모습은 돈 많은 부모도 아니고, 일을 열심히 해서 성공한 부모도 아니고, 그저 삶이 행복한 부모다.

우리 부모님은 자녀들에게는 매우 잘해 주셨지만, 두 분 서로는 종종 다투셨다. 그래서 두 분이 헤어질까 봐 두려워한 적도 있었고, 집안에서 형성되는 긴장감에 불안했던 기억도 있다. 엄마가 속상해하는 모습에 나의 어린 마음도 참 아팠고, 아빠가 술을 드시고 힘듦을 토로할 때면 삶의 고됨이 느껴져 답답했다. 두 분의 슬픔과 힘듦이 참 안타까웠다.

결혼하고 나서 보니, 시부모님도 자식들을 위해 희생적인 삶을 산 분들이었다. 오직 자식들의 삶을 위해 사느라 자기 삶은 없었던 분들. 시부모님의 삶을 되돌아보면 너무나도 안쓰럽고, 가슴이 저며온다. 물론 우리 부모님 세대 대부분이 그렇게 힘든 삶을 살았다. 희생으로 고된 삶을 버텨 내신 모든 부모님께 존경의 마음을 보낸다.

그런 희생을 너무도 잘 알고 있어서일까? 내가 신기하고 즐거운 경험을 할 때마다 부모님의 삶과 대비되는 생각이 떠올라 왠지 모를 무거움이 느껴졌다. 중국 유학시절 통역 아르바이트를 하면 좋은 식당에서 샥스핀이나 제비집 스프, 자라탕 같은 비싸고 귀한 음식을 먹는 경우가 종종 있었는데, 그럴 때마다 부모님 생각이 나서 온전히 즐기기 어려웠다. 새로운 나라에서 멋진 장면을 보거나 즐거운 경험을 할 때도 마찬가지였다. 그래서 취직을 하고 돈을 모으자마자 제일 먼저 한 일이 부모님을 모시고 해외여행에 간 것이다.

그 당시 한 친구에게 들은 이야기가 참 신선하게 느껴졌다.
"우리 부모님은 워낙 자기들끼리 잘 놀러 다녀. 나보다 더 좋은 거 많이 드시고, 나는 안중에도 없어. 그래서 우리 집 에서 나는 나만 잘 살면 돼~."
그 친구는 자기 부모님이 다른 부모님들과 달리 이기적이라는 식으로 흉을 본 것이지만, 나는 그런 부모님도 있다는 사실이 굉장히 신선했다. 그리고 그 덕분에 친구는 부담 없는 아주 가벼운 삶을 살아가는 것을 보게 되었다. 그 부모님이 자식을 위하는 배려의 또 다른 모습일지 모른다는 생각이 들었다.
그래서 난 아이들 앞에서 부모의 행복을 먼저 생각하고, 행동하는 그런 부모가 되려 한다. 내가 좋아하는 것을 먹고, 내가 좋아하는 곳을 여행하고, 아이의 행복 이전에 부모의 행복이 있고, 또 그게 우선이 될 수도 있음을 자주 보여주고 싶다.

훗날 우리 아이들이 나를 떠올렸을 때 엄마의 희생을 생각하는 것보다 즐겁고 신나게 즐기는 엄마의 모습이 먼저 떠올랐으면 한다. 그래서 아이들이 더 가볍게 그 순간을 즐길 수 있었으면 좋겠다. 새로운 경험을 할 때도 "엄마 아빠한테 가서 자랑해야지. 내가 엄마 아빠도 못한 더 재미있는 걸 해 봤다고 말야!" 하고, 부모와 자신 중에 누가 더 잘 놀고, 잘 먹고, 잘 사는지 즐겁게 자랑하며 서로 경쟁하는 사이가 되었으면 좋겠다.

나의 일도 재미있고 보람되게 해나가고 싶다. 너희들 때문에 힘든 것을 억지로 참아가며 해내고 있는 것이 아니라, 일 자체의 보람과 즐거움을 느끼는 엄마의 모습을 더 많이 아이들에게 각인시키고 싶다. (물론 실제는 아이들이 없었으면 하지 않을 일도 많고, 보람은 얼어 죽을 힘들어 죽겠는데 하고 버티는 일들이 태반이다.) 그래서 나는 아이들에게 너희들 때문에 지금 이 고생을 하고 있다는 식의 말은 절대 하지 않는다. 힘들고 지쳐 맥주한 잔 걸치며 속으로는 팔자 타령을 하고 있더라도 겉으로는 오늘은 엄마가 맥주 한 잔 마시면서 즐겁게 이 밤을 보내는 시간이라고 티 내고 싶다.

그럼 우리 아이들이 좀 더 삶이 가볍고, 새로운 경험 앞에서 그 즐거움에 온전히 집중할 수 있지 않을까? 자기 인생에서 어떤 일을 선택할 때 무엇이든 더 가볍게 하길 바란다.

훗날 아이들이 나를 떠올릴 때 '진짜 잘 먹고, 잘 놀고, 즐겁게 일했던 행복한 사람'이란 이미지와 함께 미소를 짓기를….

'우리 부모님은 내가 없어도 행복하게 잘 살 사람이니, 나도 내 삶을 잘 살아야지!' 하길 진심으로 바란다.

그래서 나는 오늘도 일하느라 힘들었지만, 좋았던 소감 위주로 들려주고, 아이들은 먹지 못하지만 나를 위한 마라탕을 시키고, 다음 여행에서 최고로 잘 놀기 위해 운동을 다녀온다.

부모가 아이의 한계를 만들지 말 것

이번 여름에는 트레킹을 다녀왔다. 해발 2500미터 가까운 산을 이틀 동안 두세 시간씩 걷는 일정이었는데, 아이들이 잘 따라올 지 걱정이 되었다. 떠나기 전에 아이들의 등산화도 사고 스틱도 준비한 뒤, 사용법을 연습시켰다. 선경험자들의 트레킹 영상과 블로그 글도 찾아 보았는데, 그들의 여행을 감상하는 목적이 아닌 오직 초등학교 2학년 아이가 할 수 있는지 알아보기 위한 것이었다. 풍경이 아닌 길과 주변의 위험한 부분을 살펴보면서 아이들이 안전하게 트레킹을 할 수 있을지 체크했다.

현지에 가서도 아이를 가리키며 아이가 할 수 있는 거리냐고 묻기를 여러 번, 수많은 경험자들이 가능하다고 말하는 것을 확인하고 나서 함께 트레킹을 시작했다. 실제 산에 가보니 길 폭도 넓직하고, 경사도 심하지 않아 안전하다고 생각이 들었지만, 한 쪽이 절벽이니 미끄러지면 큰일이었다. 트래킹 둘째 날엔 비가 내려서 아이가 혹여나 미끄러질까 노심초사하며 조심하라는 소리를 수십 번 질렀다.

결국 엄마의 잔소리가 너무 심해 듣기 싫다며 두 아이가 멀찍이 먼저 가 버렸다. 아이들이 어찌나 잘 걷던지, 놀라웠다. 아이들은 힘이 넘쳐났고, 몸도 가벼웠고, 겁도 없었다. 내가 너무 아이들의 능력을 과소평가하고 있었다. 아이는 내 생각보다 더 강했고, 그새 많이 자랐다.

여행을 간 호텔에 수영장이 있었는데, 한국에서는 보기 드문 50미터 레인(보통 25미터 레인이다)이 있는 곳이었다. 물의 깊이는 1.7미터로 내 발이 닿지 않는 깊이였다. 수영을 배운 지 꽤 되었지만, 막상 발이 닿지 않는 깊고, 긴 수영장에서 수영을 하려니 덜컥 겁이 났다. 아이들도 걱정되었다. 키도 작고 체력이 아직 약한 둘째가 혹여나 중간에 지치면 어쩌나 걱정이 돼서 열심히 수영하는 아이에게 조심하라고 연신 주의를 주는 나였다. 두 아이는 어릴 때부터 수영을 배웠는데, 그때 키가 작아서 수영장 바닥에 발이 닿지 않았었다. 시작부터 발이 닿지 않는 곳에서 수영을 배웠다 보니, 깊은 물에 대한 두려움이 없다. 이번에도 역시 나만 잘하면 되는 거였다.

올 여름에 한강수영장에서 아이들과 놀다가 쫓겨난 일이 있었다. 수심 1.3미터 풀에서 아이들과 놀고 있는데, 라이프가드가 둘째 아이를 나오라고 해서 키를 재더니, 140센티미터가 안 되니 이곳에서 놀 수 없다고 했다. 요전에 왔을 때만 해도 없었던 일이어서 물어보니, 며칠 전 위험한 사고가 날 뻔해서 새로 생긴 규정이라고 한다. 이 아이는 1.4미터 풀에서 수영을 배운 지도 2년 가까이 되는 아이라고 말했지만, 수영선수 출신의 아이도 쫓겨났다는 답변이 돌아왔다.

새로 생긴 규정으로 그곳에서 아이가 놀 수 있는 곳은 중간 수심이 최대 80센티미터 정도 되는 성인 무릎 정도 깊이의 유아풀 뿐이었다. 하는 수 없이 온 가족이 얕은 유아풀에서 조금 놀다가 집으로 바로 돌아왔다. 그래서 이 이야기를 인스타그램에 올렸더니 사람들의 의견이 분분했다.

나보고 안전 불감증이라고 하는 사람도 있었고, 당연한 아주 잘한 조치라는 댓글도 많았다. 무엇보다 내가 너무 안일하게 생각하는 듯 이야기하는 댓글에 어이없었다. 나는 무릎 높이의 물에서도 아이가 사고가 날 수 있음을 잘 안다. 낮은 미끄럼틀에서도 떨어질 수 있고, 그네를 타고 놀다가도 다리가 부러질 수 있는 게 아이들의 사고다. 그래서 부모는 한시도 아이에게서 눈을 떼면 안 되고, 안전교육을 잘 시켜야 한다.

특히 물에서는 더 위험하기 때문에 누구보다 수영 강습이

가능한 연령이 되자마자 수영부터 시킨 나다. 누구보다 나 스스로 겁이 많고, 걱정도 많고, 안전에 예민하기 때문에 더 노력하는 사람이다. 다만 이번 수영장의 조치가 아쉬운 것은 아이들의 실력이나, 지켜보는 부모의 동행 여부, 또는 튜브 같은 안전 장비 착용 유무로 따져 구별시킨 것이 아닌 오직 신장으로 금지시킨 점이었다.

수영장은 신장이 중요한 것이 아니라, 실력과 경험치에 따라 위험도가 달라진다. 발이 안 닿는 곳에서도 신나게 놀 수 있는 아이들이 있고, 허리 높이에서도 물이 얼굴에 닿으면 패닉이 와서 물에 빠지는 어른도 있다. 자신의 실력에 맞게 수영을 해야 하고, 예상치 못한 사고에 대비하기 위해 라이프가드가 상주하는 것이다.

사고가 한 번 났다고 해서 모든 것을 막아버리면 결국 경험의 범위 자체가 계속 줄어들고, 경험의 부족으로 인한 사고 위험이 더 늘어난다고 생각한다. 우리 주변에 이런 방식의 대응이 굉장히 많아졌다.

한번은 예전에 놀이터에서 그네를 타다가 아이가 떨어져서 다친 일이 발생했다. 그러자 다음 날, 그네가 테이프로 꽁꽁 봉해져 있는 게 아닌가! 사고가 발생해서 위험하니, 이용을 금한다는 문구가 적혀 있었다. 위험한 행동을 교육시키거나, 부모에게 주의 임무를 주거나 하는 식이 아닌 아예 막아버리고 마는 이런 식의 조치가 때론 너무나도 답답하다.

물론 어떤 상황에서는 사고 원인이 존재 자체에 있는 경우가 있기 때문에, 그럴 때는 시설물 폐쇄가 답일 때도 있다. 그런 경우도 분명이 있다는 것을 잘 알고 있다. 이를 잘 구분해서 더 멀리 보고 필요한 조치를 취해 주길 바란다.

한강수영장의 규정은 결국 얼마 못 가 없어졌다. 과도한 규정이라는 비판을 받아 사라진 것인지 잘 모르겠지만, 시정되어 다행이다.

요즘 대한민국 초등학생들은 필수로 생존수영 교육을 받는다. 나는 수영 명예교사로 참여해서 수업 진행 과정을 지켜볼 기회가 있었는데, 교육이 무척 체계적이고 재미있었다. 무엇보다 안전하게 진행되어 학부모로서 더없이 만족스러웠다. 이런 교육을 무상으로, 의무적으로 학교에서 진행되는 것이 지금의 아이들에게 행운이라는 생각도 들었다.

그런데 이런 좋은 상황임에도 수업에 참여하지 않는 아이들이 꽤 된다. 감기나 눈병 같은 질병이나, 몸 컨디션의 이유로 부득이하게 참여하지 못하는 아이들이 있지만, 그저 물이 무서워서 참여하지 않는 경우도 있다.

나 역시 어릴 때 물에 빠진 경험이 있고, 물 공포증을 갖고 있었다. 그렇기 때문에 아이들의 물에 대한 두려움과 공포감을 잘 이해하고 있다.

하지만, 수영은 생명과도 직결되는 문제이기에 그런 아이들일수록 생존수영 수업을 통하여 안전하게 물을 접하고, 생명을 지키는 방법을 배우는 이 기회가 꼭 필요하다고 생각한다. 그래서 물이 무서워서 아예 참여하지 않은 아이들의 모습은 특히 아쉽게 느껴진다.

나의 수영 강습이 끝나고, 마침 둘째 아이의 생존수업 시간이 이어지기에 잠시 아이 모습을 구경하고 가야겠다 싶어 대기실에 앉아 있었던 어느 날이었다. 한 어머니와 젊은 남자가 대기실로 들어와서 이야기를 나눴다. 이 어머니도 자기 아이의 수영 수업을 보려고 찾아온 것 같았다. 아이들이 나오고, 준비운동이 시작되었다.

그런데 어느 아이의 아버지로 보이는 사람이 수영 수업에 참여하고 있었는데, 같이 준비운동을 했다. 팔 벌려 뛰기를 하는데 가만히 서있는 한 아이의 두 팔을 잡아 위로 올리면서 아버지가 더 열심히 폴짝폴짝 뛰었다. 아이는 좀 무기력해 보였는데, 그에 비해 아버지는 정말 열심히 하는 게 느껴졌다. 수업이 시작되자, 아버지도 아이 곁에서 계속 아이를 챙겼고, 대기실에 있던 어머니와 젊은 남자도 그 모습을 지켜보며 연신 말을 주고받았다.

대화를 들어 보니, 그 아이는 발달이 조금 늦은 아이였고,

젊은 남자는 아이의 학교생활을 곁에서 도와주고 있는 사회복지사 선생님이었다. 그 아이가 수영 수업을 경험할 수 있도록 아빠는 수영장 안에서, 엄마와 사회복지사 선생님은 밖에서 응원하고 있었던 것이다. 아이를 지켜보는 엄마의 모습에는 절실함과 기특함이 서려 있었다. 아이의 동작 하나하나, 새로운 수영교실에서의 경험을 대기실에서 지켜보며 어머니는 연신 감동을 했다. 이 부모는 아이가 새로운 경험을 잘할 수 있게 정말 많은 노력과 정성을 기울이고 있었다. 그렇게 아이는 훌륭하게 첫 수영 수업을 성공적으로 마쳤다. 아이가 다양한 세상을 경험하고, 어려움을 헤쳐 나갈수 있도록 곁에서 돕고, 이를 위해 노력하는 부모의 모습이 멋져 보였다.

나 역시 겁이 너무나도 많기 때문에 아이가 무섭다고 하거나, 못하겠다고 하면 하지 말라고 하는 경우가 많다. 굳이 이렇게 싫어하는 걸 할 필요가 있나, 두려움을 벌써부터 이겨 내야 하나, 나중에 크면 다 되겠지 하는 마음이 들 때가 있다. 그럴 때마다 남편이 내게 핀잔을 줄 때가 많다.

"얘는 다 할 수 있어. 당신이 겁먹어서 할 수 있는 아이를
  하지 못하게 만드는 거야."

그 말이 맞다. 결국 하면 다 할 수 있다. 부모가 두려워해 무한한 아이의 능력을 한정 짓는 것은 아닐까 하는 생각이

들 때가 종종 있다. 아이는 보는 만큼, 경험한 만큼 커지고 자랄 것이다. 험난한 이 세상, 끝까지 부모가 지켜줄 수 없다. 남자아이라면 군대도 가야 한다. 미리미리 아이를 강하게 키워야 군 생활도 수월할 것이고, 험난한 이 세상을 살아가는데 멘탈 관리도 될 것 같다. 항상 내가 문제이기 때문에 아이들을 더 크고 강하게 키우기 위해 정신차리고 더 용기를 내려고 한다.

아이들은 항상 내 생각보다 빠르게 자라고, 더 많은 것을 해냈다. 그런 아이들인데, 어른이라는 이유로 섣불리 한계를 짓고, 그들의 무한함을 가로막는 것은 아닌가 하는 생각을 요즘 많이 하게 된다. 어른들의 두려움이 아이의 한계를 만드는 것 같다. 아이들이 나보다 강하고 무한함을 늘 기억하려 한다.

 아이들과 함께한 차마고도 트래킹

부모의 시간은 나보다
더 빠르게 흐른다

　IMF가 터졌을 때 내가 18살이었고 우리 집 형편은 갑자기 기울기 시작했다. 초등학교 때는 가족과 함께 강원도 등지로 휴가를 갔었지만, 언제부턴가 가족과의 여행은 사라졌다. 그것이 대학 입시가 가장 중요한 한국의 청소년, 수험생이었기 때문인지, 경제적으로도 어려워졌기 때문인지 잘 모르겠다. 그렇게 성인이 되어서도 가족끼리 각자 서로의 일만 하면서 데면데면하게 보냈다.

　나는 중국에서 유학 생활을 하면서 주거비를 포함한 생활비를 벌기 위해 열심히 아르바이트를 쉬지 않고 해야 했는데, 동기 중에는 유독 여유 있는 집 아이들이 많았다. 그들은 1년에 두 번, 방학 때마다 한국에 들어가는 것은 물론이고,

매번 다시 가족들과 동남아나 유럽으로 여행까지 하고 돌아 왔었다. 그때 친구들의 모습을 보면서 문득 이런 생각이 떠올랐다.

'아… 가족 여행은 어릴 때만 하는 게 아니라, 성인이 된 뒤에도 저렇게 같이할 수 있는 거였구나.'

당연함에도 가족여행을 간 기억이 너무 오래되었다 보니 새삼 그런 생각이 들었던 것 같다. 친구들이 참 부러웠다. 그런 경제적인 여유도, 부모님과 함께 멋진 추억을 만들고 오는 것도 모두 부러웠다. 나도 빨리 돈을 벌어서 가족과 함께 해외여행을 가고 싶었다.

그래서 취업 후 첫 휴가는 부모님과 남동생을 데리고, 중국으로 첫 가족 해외여행을 가기로 했다. 온 가족 비행기표를 끊고, 호텔을 예약하고, 코스를 짜는 그 과정이 참 행복했다. 그렇게 꿈에 그리던 첫 가족 해외여행을 떠났다.

부풀었던 내 마음과는 달리 여행을 시작하자마자 가족끼리 다투기 시작했다. 서로와의 여행이 얼마나 불편하고, 힘든지를 확인하는 시간이었다.

'그렇게 오랫동안 꿈꾸었던 순간이었는데… 왜 우리는 이런 행복한 상황에서도 싸우는 걸까? 우리 가족은 함께 여행을 갈 수 없는 걸까?' 하며 속상해했다. 그런데 여행의 시간이 길어지니 점차 서로 맞춰지고, 적응해 나갈 수 있었다. 가족이 함께 여행한 적이 너무 오래되었다 보니, 어떻게 배려해야 하는지, 함께 잘 노는 방법을 모르고 있었던 거다. 그간 즐기지 못하는 삶을 살았다 보니, 오랜만에 이렇게 같이 여행하고, 노는 것이 어색했다. 속상한 시간도 있었지만, 결국 우리 가족은 이제 함께 즐겁게 여행할 수 있게 되었다.

가족여행의 경험이 쌓이면서 여행 코스를 짜는 부분에서도 노하우가 생겼다. 부모님이 뭘 좋아하는지, 뭘 싫어하는지를 알게 되어서 이를 계획에 반영할 수 있게 되었다. 각자 여행을 즐기는 스타일도 생겨나고 있었다.

부지런한 아빠는 여행지에서도 새벽 일찍 일어나 아침잠이 많은 가족을 깨우는 대신 혼자 동네 한 바퀴를 돌면서 지리도 파악하고, 그곳 사람들의 새벽 모습을 관찰하며 즐겁게 여행을 즐겼다. 여행 내내 어린아이처럼 호기심 어린 눈으로 궁금해하고, 신기해하는 부모님의 모습을 보는 게 참 재미있고, 즐거웠다. 여행하면서 몰랐던 새로운 가족의 모습을 알아가는 재미가 있었고, 서로를 더 이해할 수 있는 소중한 시간이었다.

결혼한 뒤에는 주로 남편, 아이들과 함께 여행을 가는 경우가 많다. 아이들은 걷기도 전부터 해외여행을 많이 다녀서 그런지, 각자 어느 정도 여행자의 내공이 쌓여 있다. 올해 휴가는 휴양지를 벗어나 새로운 형태에 도전하기도 했다. 중국 운남성의 쿤밍과 리장이라는 곳을 다녀왔는데, 리장은 고성 전체가 세계문화유산으로 지정된 곳이다. 국가에서 A급으로 관리하고 있는 해발 4000미터가 넘는 아름다운 산이 있고, 그 산에는 우리에게 '차마고도'로도 알려진 유명한 길이 있다. 옛날 말이 차를 싣고 다니며 교역했던 길로, 이번엔 그곳을 아이들과 1박2일 동안 트레킹을 하였다.

정식 명칭은 '호도협 트레킹'으로 BBC 선정 세계 3대 트레킹으로 선정된 죽기 전 꼭 한 번은 걸어봐야 하는 곳으로 유명하다. 명성대로 코스의 풍경이 참 아름다웠다. 깊은 협곡의 모습은 한 폭의 산수화 같았고, 뾰족한 산봉우리에 구름이 걸쳐져 있는 모습은 현실이 아닌 꿈속에 있는 듯 황홀했다. 한쪽이 절벽인 길을 하루에 몇 시간씩 걸어야 했는데, 풍경이 얼마나 아름답고 예쁜지 몇 시간의 트레킹이 전혀 힘들거나 지루하지 않았다. 특히 아이들이 너무나도 즐거워해서 가족끼리 할 수 있는 여행의 범위가 넓어졌음을 느끼게 해 주었다.

산속에 있는 산장에 도착해서 하루를 묵으며 테라스에서 보이는 그림 같은 장면을 보니, 부모님이 생각났다. 부모님과 시어머니께 사진을 보내고, 영상통화를 켰다. 다들 너무 아름답고 좋다고 하셨다. 다음에 같이 오면 좋겠다 생각하다가 이 트레킹은 힘들겠다는 이성적인 판단이 서졌다.

'아, 그렇구나! 여기는 부모님과 함께 걸어올 수 없는 곳이
구나! 벌써 이런 코스의 여행은 부모님과는 함께하기 어
렵게 되었네… 벌써 그렇게 되었구나…!'

아이를 키우며 살다 보니, 어느덧 마흔이 넘었고, 결혼한
지도 십 년이 넘었다. 나의 시간이 너무 빠르게 흐른다 생각
했는데, 부모님의 시간은 나보다 훨씬 더 빠르게 흐르고 있
었다. 이제는 얼추 서로의 여행 스타일도 잘 알고, 배려도 늘
고, 같이 잘 놀 수 있는데….

이젠 다른 여러 문제가 새롭게 생겨났다. 부모님의 다리
가 많이 불편해져 트레킹이나 많이 걸어야 하는 곳은 힘들
고, 더위에도 취약해져서 더운 나라의 여행이 쉽지 않다는
것도 알게 되었다. 무릎 관절이 불편해서 쪼그리고 앉는 화
장실이 대부분인 중국 지방 여행이나, 앉아서 타는 보트, 긴
비행 시간 여행도 힘들다.

부모는 기다려주지 않는다고 하더니, 벌써 많은 부분에서
기회가 사라졌음을 느낀다. 나중에 여유가 생기면 부모님과
함께 가려고 했던 여행지가 아직도 무척이나 많은데 말이
다. 아쉽기도 하고 후회되기도 하고 속상하고 슬프다.

딸이라는 역할에서 어느덧 아내, 엄마, 그리고 며느리라

는 역할이 추가되었다. 다 잘 해내고 싶은데, 실상은 어느 하나 제대로 하는 것이 없는 것 같다. 역할이 많아지니, 과부하가 걸려서 정신없이 바쁘기만 하고, 시간만 보내 버린 것 같다. 부모님께 안부 전화한 지 벌써 며칠이나 지났고, 매번 반찬을 보내주시는 시어머니께 감사하다는 인사도 잘 안 하는 여전히 무뚝뚝한 며느리다. 남편의 기를 죽이기 일쑤인 아내이고, 밥 차리는 것이 귀찮아 김밥을 사서 아이들에게 먹이거나, 배달 음식을 시키는 엄마다. 각각의 역할이 생각보다 더 큰 책임감이 따르고, 시간이 갈수록 쉽지 않은 일임을 절감하고 있다. 또한 내가 얼마나 부족한 사람인지도 매번 느끼고 있다.

이런 넋두리를 늘어놓으며 자책할 때가 종종 있는데, 그럴 때마다 남편은 이 정도면 착한 딸이고, 착한 며느리고, 좋은 엄마라고 말해준다. 그 말이 나에게 참 큰 위로가 된다. 또 불만족스러운 현실에서 답답해하는 나에게 삶은 원래 맘처럼 되는 것이 아니기에, 이 상황을 받아들이고 우리가 할 수 있는 것에만 열심히 해 나가자고 말해주는 것도 남편이다.

그렇다. 인생은 원래 계획대로 되는 것이 아님을 모두 잘 알 것이다. 예상치 못한 일들이 불시에 끼어들어 삶을 정신없이 어지럽힌다. 너무 힘들어 신을 원망해 보기도 한다. 하지만 현실은 바뀌지 않는다. 계속 원망만 하면서 불행의 파도에 마냥 휩쓸리고 있을 수만은 없다는 생각을 문득 하게 된 후에는 결국 내가 할 수 있는 것은 그저 묵묵히, 내 할 일을 해 나가면서 마음을 다잡고, 불행의 파도가 잠잠해지기를, 그리고 다시 행복의 파도가 오기를 무심히 기다리는 것뿐임을 알게 되었다.

다행히 파도는 불행에서 행복으로, 또 행복에서 불행으로 계속 바뀌어 주었다. 계속 불행하지 않고, 계속 행복하기만 하지 않았다. 행복 뒤에 불행이 올지라도 삶의 사이클이 있다는 사실이 힘든 상황 속에서는 큰 위로가 되었다. 조금만 더 멘탈을 붙잡고 기다려보자고, 그럼 괜찮은 시간이 또 올 것이라고 스스로를 설득하고 버틸 수 있었으니까 말이다.

부모님이 언제 내 곁을 떠날지 예상할 수 없고, 또 상상하는 것만으로도 가슴에 큰 고통이 느껴질 정도로 슬퍼진다. 인정하긴 싫지만 분명한 것은 부모님의 시간과 함께할 수 있는 가능한 일들이 점점 줄어들고 있다는 사실이다. 그 촉박함 속에서 내가 해야 하는 역할과 책임은 더 늘어난다는 것도 잘 알고 있다. 그러니 조바심은 결코 끝까지 줄어들 수 없을 것이다.

그래도 마음을 다잡고, 힘을 내보려고 한다. 조바심과 안타까움이 느껴질 때 빨리 내가 할 수 있는 일에 집중하려 한다. 부모님과 함께 한 즐거웠던 추억을 떠올려 기억해 보려 한다. 떠오르는 즐거운 추억이 있어 감사하고 다행이다.

그래도 아직은 기회와 시간이 있다. 지나버린 시간과 기회를 아쉬워 말고, 남은 시간을 어떻게 보낼지 생각해 보자. 그럼 힘이 조금 더 난다.

효자를 꿈꾸지만 쉽지 않네

TV에서 최근 뜬 연예인들이 나오면 자주 하는 얘기가 정산받아 무엇을 했느냐는 거다. 그럼 연예인들은 부모님 차를 바꿔 줬다거나 집을 사드렸다고 말하고, 그걸 들은 MC나 패널들은 효자라며 잘했다고 박수를 보내준다.

나도 오래전부터 효자가 되고 싶었다. 꼭 성공해서 부모님께 경매로 잃은 그 집도 되찾아 드리고, 좋은 차도 사드리고 싶었다. 하지만 아직도 내 앞길을 처리하는 것만으로도 벅찬 게 현실이다.

20~30대 때는 내가 이상으로 여기던 효자의 모습과 실제 내 한계와 상황의 차이를 느끼며 무척 답답했다. '나름대로는 열심히 노력하고 산 것 같은데… 왜 아직도 내 삶은 여유

롭지 못할까?' 싶었다. 나의 노력이 부족하다는 생각으로 자책하기도 했고, 슬프기도 했다. 그러다 상황이 어쩔 수 없다는 것을 받아들일 필요가 있다고 생각했다.

내 한계를 인정하고 생각을 바꿔야 내 마음이 좀 편할 수 있었다. 그래야 부모님과의 관계도 부담스럽지 않을 수 있었다. 나의 노력을 타인의 성과와 비교하거나 비하하지 않기로 했다. 나도 나 나름대로는 열심히 하고 있는 거니까 말이다. '부모님이 서운하겠지… 기대에 못 미치겠지….' 하는 생각이 들 때가 있었는데, 그건 부모님이 하는 생각이니 내가 어쩔 수 없는 것이라 생각하기로 했다. 또 부모님은 실제로 그렇게 생각하고 있지 않을 수도 있다.

나 정도면 그렇게 불효자는 아니라고 스스로 설득하는 과정도 거친다. 학교에 다닐 때부터 부모 속 썩인 일도 없었고, 착실히 사회의 구성원의 한 사람으로서 자기 밥벌이도 하고 있으니 그 정도만으로도 이미 중간 이상은 가는 것 아닌가! 그렇게 나 스스로에게 좀 더 여유롭게 대하며 위안을 삼기도 한다.

돌아보면 큰 것을 해드리고 싶은 마음에 정작 할 수 있는 오늘의 효도를 뒤로 미룬 적이 많았다. 오늘 엄마에게 짜증을 부리고, 마음에 생채기를 내고 출근하는 길, 오늘은 나쁜 딸이었지만, 돈을 열심히 모아 엄마를 위한 뭔가를 사 줄 것이니, 효도를 위한 노력 중이라 생각한 적이 있었다. 미래에 불확정한 무언가를 위해 오늘 부모 속을 긁는 불효자가 맞았지만, 난 그렇게 생각하지 않았다.

지금은 잘 안다. 나중에 큰 것을 해 주기보단, 오늘 하루 살가운 전화 한 통이 효도란 것을 말이다. 부모에게 내가 원하는 것을 해주는 것보다 그들이 원하는 것을 하도록 인정하고 수용하는 것 또한 효도이다. 사실 효자가 되는 쉬운 길은 많았음에도 나의 욕심이, 나의 비교가 스스로를 불효자로 만들고 있었다.

지금 내가 확실하게 알고 있는 것은, 우리는 모두 효자가 되고 싶다. 그렇지만 효도를 할 만한 여유가 없고, 현실의 상황이 도통 성에 안 차고, 내 코가 석 자인 경우가 많은 이유로 많은 자식이 효자가 되지 못한 죄책감을 안고 사는 게 아닐까.

마흔이 넘었고, 이젠 나도 부모가 되어 부모의 마음을 조금씩 더 이해하게 되었다. 그래서 이젠 이런 죄책감 대신 나의 상황을 인정하고 이해해 주고자 한다. 타인의 효도와 나의 효도를 비교하지 않기로 했다. 부모님을 생각하는 마음을 갖고 있고, 하루하루 열심히 살고 있다면 꽤 좋은 자식이라고 여겨도 되지 않을까 싶다.

나는 아직도 큰 효도를 꿈꾸고, 지금도 그 과정 안에 있다고 여전히 생각하고 있지만, 이젠 죄책감은 줄고, 나에 대한 이해와 인정은 더 커졌다. 나중에 부모님이 기다려주지 않았다고 후회하지 말고, 지금 할 수 있는 것을 해야 한다. 내 성에 차지 않겠지만 어쩌냐… 아직은 그게 나의 수준이고 한계인 것을. (어째 나이를 먹을수록 자기 설득에 요령만 붙는 것 같다.) 그래도 진심의 말을 남겨 본다.

"양가 부모님, 많이 부족한 저이지만, 늘 부모님을 생각하고, 효도하고 싶은 마음이랍니다. 사랑하고, 미안하고, 고맙습니다. 건강하세요."

엄마니까 무섭다고 말 못 해

둘째 아이는 겁이 많은 편이다. 그래서 잘 때도 머리맡에 강아지 인형으로 보초를 세우고, 곰돌이 인형을 껴안고 잔다. 인형들이 좀비로부터 지켜 준단다. 학교에서 집에 올 때 혼자 오는 것을 너무 무서워하는데, 길도 무섭지만, 혼자 엘리베이터를 탔을 때 엘리베이터가 떨어질까 무섭다고 한다. 축구할 때도 공격수들이 앞에서 달려오면 부딪힐까 봐 무서워서 자리를 내주는 수비수다.

어느 날, 아이의 일기를 보니 자신은 무서운 게 너무 많고, 걱정이 100개가 넘는다고 적혀 있었다. 마지막엔 빨리 더 강해져서 무서운 것이 없어졌으면 좋겠다고 적혀 있었다.

아이를 보면 나의 어린 시절이 떠오른다. 나도 참 겁이 많

은 아이였다. 초등학교 때 학원이 끝나면 엄마가 데리러 와 주었는데, 마을버스 한 정거장 거리가 너무 무서웠기 때문이다. 해가 어둑어둑해질 때 엄마 손을 잡고, 오늘 학원에서 배운 것을 조잘대던 게 생각난다. 나에게 엄마의 모습은 겁이 없고, 항상 씩씩한 사람이었다.

그런데 이제 보니, 우리 엄마처럼 겁이 많은 사람은 별로 없다는 걸 알게 되었다. 나의 겁쟁이 유전자는 엄마에게서 온 것이다.

어느 날, 아이가 나의 손을 잡고 이렇게 말했다.

"엄마는 어떻게 그렇게 안 무서워해?"

밤늦게 아이와 아이스크림을 사서 오는 길이었다. 아이가 이렇게 묻는데, 실은 나도 지금 밤길이 무섭다는 사실이 문득 떠올랐다. 혼자였다면 나는 뒤에서 누군가 쫓아오는 느낌이 들어 분명 발걸음을 종종거리며 집으로 달려갔을 것이다. 혹시 위급한 상황을 대비해 스마트폰을 손에 쥔 채 남편의 단축번호를 한 번 더 체크했을 것이다. 더 두려움이 커질 땐 남편과 계속 통화하면서 무서운 길을 지날 것이다.

마흔이 지나도 난 여전히 이렇게 겁이 많은 사람이다. 그런데 신기한 일은 아이의 손을 잡고 밤길을 걸을 때는 용기가 샘솟는다. 혹시 무서운 일이 생기면 나는 아이를 지키기

위해 싸울 것이라는 비장함까지 갖게 된다. (나도 안다! 나의 오
바스러움을! 이토록 내가 겁이 많다.) 내가 덜덜거리며 무서운 티
를 내면 아이는 더 무서워할 것이니, 일절 무서운 티를 안 내
게 된다. 그렇게 하니까 좀 용감해지는 기분이 든다.

아이 손을 잡고 용감하게 걸으며 집에 오는 길, 어릴 적 엄
마와 밤길을 걸었던 게 생각났다. 엄마 손을 잡고 오면 정말
하나도 무섭지 않았다. 무섭다고 하면 엄마는 괜찮다고 말
해주었다. 난 엄마가 전혀 무서워하지 않는 사람이라고 여
태껏 생각하고 있었다. 그렇게 지금 나의 아이도 나를 바라
보고 있을 것이다.

처음으로 아이의 첫 이를 실로 묶어 뽑는 날, 너무 겁이 나
서 남편보고 하라고 하니, 남편도 무섭단다. 나 어렸을 적 우
리 엄마는 하나도 무서워 보이지 않았는데, 지금 아이의 첫
이를 빼는 날이 오니, 그때의 우리 엄마도 분명 무서웠을 거
라는 생각이 든다. 나는 우리 엄마가 그랬듯, 전혀 무섭지 않
은 듯한 표정으로 아이 이를 실로 묶고, 이마를 탁 밀었다.

그런데 그만 이는 그대로고 실만 쏙 빠져 버렸고, 뽑혀야
했을 이는 잇몸에 그대로였다. 아이는 더 큰 소리로 울어 댔
다. 이제라도 병원에 가볼까 잠시 고민하다 다시 실을 묶고,
한 번 더 시도했다. 더 세게 이마를 밀어 쳤다.

'성공이다! 휴~ 그렇게 나도 아이의 눈에 용감한 모습의 엄마가 되어 가는구나.'

지금 생각해 보면 우리 엄마는 그 누구보다 정말 겁이 많은 사람이다. 물에 얼굴을 집어넣는 게 무서워서 당연히 수영도 못 한다. 운전은커녕 자전거도 무서워서 탈 줄 모른다. 그런데 놀라운 사실은 나에게 자전거 타는 법을 가르쳐 주었다는 것. 정말 놀라운 엄마의 힘이다! 이렇게 무서워하는 게 100가지도 넘는 겁 많은 엄마인데, 어린 시절 기억 속의 엄마는 정말이지 항상 씩씩하고 용감했다.

엄마여서 용기를 냈다는 것을 이제는 알게 되었다. 그 용기를 낸 엄마의 모습이 떠올라 감사한 마음에 울컥한다. 이젠 나도 용감한 엄마가 되었다. 적어도 우리 아이들에게는 겁 없고, 씩씩하고 용감한 엄마다. 아이가 무서워할 때마다 '괜찮다고, 하나도 무섭지 않다고, 엄마가 널 지켜줄 거야.' 라고 말해주는 용감한 엄마다.

"얘들아, 근데 사실은 엄마도 너무 무섭단다. 이를 빼는 것도 무섭고, 낯선 길, 밤길을 걷는 것도 무서워. 하지만, 지금은 너희들을 지켜야 하니까 용감한 엄마가 될 거야. 그리고 너희들이 엄마 키를 훌쩍 넘으면 그땐 겁 많은 엄마의 본모습을 숨기지 않을 거라고!"

여기까지 쓰는데 문득, 지금 우리 엄마도 다시 겁 많은 엄마가 되었을까 궁금하다.

"엄마, 이젠 내가 지켜 줄게요. 무서우면 무섭다고 내게 말
해요. 그리고 씩씩하게 나를 잘 키워줘서 고마워요."

누구도 모르는 미래이기에
너를 믿는다

고등학교에 들어가니, 교실 뒷벽에 '수능 점수별 지원 대학 학과' 표가 커다랗게 붙여졌다. 그 표에는 수능 성적에 따라 지원할 수 있는 대학과 학과들이 빽빽하게 나열되어 있었다. 수능점수 1점 차이만으로도 칸이 뒤로 밀리고, 지원할 수 있는 학교와 학과가 달라졌다. 결국 모든 결정은 수능 점수 결과에 따랐고, 자신의 관심사에 따라 학교나 과를 지원하는 것은 너무도 힘든 일처럼 느껴졌다.

전국 고등학생들이 이 똑같은 종이를 보면서 모의고사 성적이 나올 때마다 자신이 지원 가능한 학교와 학과를 확인해 보는 장면을 생각하니 소름이 돋았다. 막말로 SKY가 아니라면 별반 큰 의미도 없어 보였다. 이 순서에 따라 대학에 들어간 후에는 또 어떻게 되는 걸까? 졸업하면 다시 이 학생들이 우르르 쏟아져 나올 것이고, 직업을 선택하기 위해 학교, 학과 별로 다시 줄이 세워지고, 또다시 경쟁이 시작되는 미래의 모습이 상상되었다. 그 안의 나는 어디쯤 서 있을 수 있을까? 내가 이 경쟁을 뚫고 승리할 수 있을까? 이 경쟁에 참여해서 눈에 띄기는 너무 어려울 것 같았다.

그렇게 해서 결심한 것이 남과 다른 길이었다. 대학 대신 외국어를 배워 와서 사업하는 게 차라리 더 나은 선택이라 생각했다. 이런 생각은 고등학생 시절 내내 해왔는데, 부모님을 설득하는 일이 꽤 힘들었다.

오랜 시간 일관되게 주장하는 나의 모습에 결국 부모님의 승낙을 받았고, 이젠 고3 입시상담 선생님 차례였다. 선생님은 합격한 대학을 포기하는 게 아깝다는 이유와 게다가 유학을 가는 나라가 미국이나 일본이 아닌 당시엔 생소했던 중국이라는 점에 크게 반대했다. 그 당시 중국 유학을 가는 것은 흔치 않은 일이었고, 우리나라보다 한참 못사는 상황이기도 했기에 전망도 어두웠다. 나보고 훗날 분명히 후회할 것이라며 아마도 지금 네가 어리고 잘 몰라서 저지르는 실수라고 말씀하셨다.

나는 당시 중국 대학에 갈 생각은 전혀 없었고, 중국어를 배워오면 무역이든 사업이든 뭐라도 할 수 있을 것이란 생각이었다. SKY가 아닌 대학 학위로 불투명한 취직 전선에 뛰어드느니, 언어를 배우고 빨리 자립해서 사업을 하는 게 훨씬 더 큰 돈을 벌 수 있다고 생각했다. 물론 내 인생이 걸린 중요한 선택이었으므로 나는 무척 진지했고, 몇 년 동안 계속 고민해 왔었던 질문에 내린 나름 최선의 결정이자 도전이었다. 그럼에도 입시 전문 선생님은 세상을 모르는 아이의 치기 어린 생각쯤으로 치부했다. 나는 내가 맞다는 것을 보여주겠다고 결심했다. 그리고 결과적으로는 내 선택은 옳았다.

나는 결국 중국에서 대학에 들어가게 되었고, (사람들의 고졸에 대한 선입견을 확인하고 평생 이를 설명하기에는 너무 피곤할 것 같아 대학에 가는 것으로 결정했다.) 졸업할 무렵에는 운이 좋게도 중국이 세계가 주목하는 나라가 되어 있어 취업에 유리한 상태가 되었다.

한국 대기업의 인사팀이 학교에 직접 와서 취업설명회를 열었고, 학생들을 스카우트하기 위해 노력하는 상황이었다. 나는 대기업에 복수로 합격했다. 그 회사들의 평균 입사 경쟁률은 수백 대 1이었는데, 남과 다른 선택을 한 덕분에 그 경쟁을 뚫을 수 있었다.

결과적으로 베테랑 입시전문가보다 19살이었던 내가 미래에 대해 잘 전망했고, 훨씬 더 나은 전략을 짰다. (물론 운이 많이 따라주었다.)

즉, 미래는 아무도 모른다. 게다가 앞으로의 미래는 AI까지 있으니, 세상이 어떻게 바뀔지 예상하고, 아이들의 삶의 방향을 조언한다는 것은 말도 안 되는 일이라고 생각한다.

상황이 이렇다 보니, 공부를 좀 한다는 아이들은 모두 과거에 안전하다고 확인된 직업인 의사나 변호사로 모두 쏠리고 있다. 경쟁이 더 치열해져 이제 의사가 되기 위한 초등학생 의대 준비반이 생겼다고 한다. 아이가 마주할 미래의 수억 가지의 기회와 가능성을 무시한 채, 지금 상황으로 겨우 떠올릴 수 있는 몇 가지의 선택지만을 부모 스스로가 한정 짓고 있다.

아이의 삶을 언제까지, 어디까지 책임지려고 그런 무모한 잘난 척을 하는 것인가 싶다.

물론 특정 직업군이 정말 잘 맞는 사람이 있고, 그것이 진심으로 꿈인 사람도 있다. 그리고 이를 위해서는 반드시 거쳐야 하는 단계가 있을 수 있다. 특히 운동선수나 음악가가 되기 위해서는 일찍부터 훈련해야 하고, 일정 루트가 정해져 있다.

하지만 여전히 많은 부모가 아이들을 소수의 한정된 직업군으로 설정하여 준비하고 있다. 미리 아이의 인생을 예단하고 결정짓는 느낌이 들어 반감이 생긴다.

이젠 더 예측하기 어려운 미래이다. 부모의 섣부른 판단과 가이드가 오히려 독이 될 수 있다고 생각한다. 그렇기에 아이의 진로를 가이드하기보다 아이가 수많은 변동성 앞에서 더 나은 판단을 할 수 있는 사람으로 키워내는 일이 더 중요하다고 믿는다.

지금은 의사보다 잘 나가는 게임유튜버가 돈을 더 많이 버는 세상이다. 춤을 잘 추는 틱톡커가 웬만한 연예인보다 더 인기가 많은 세상이다. 이런 세상을 누가 예상했단 말인가. 나의 고3 입시 상담 선생님처럼 함부로 판단하고 아는 체할 수 없다.

그저 내가 부모로서 할 수 있는 것은 나보다 더 멋진 자녀들에게 분명히 잘해 나갈 것이라 믿어 주는 것뿐이다. 나는 부모로서 아이들에게 하는 행동 중 크게 세 가지가 있다. 먼저 아이들이 스스로 생각하는 힘을 키우기 위해 스스로 책을 많이 읽을 수 있도록 노력한다. 교과서 밖 세상의 다양한 이야기를 들려주고, 경험시켜주려고 여행도 많이 다닌다. 하고 싶은 일을 꾸준히 하려면 체력도 기본이 되어야 하기에 운동과 멘탈을 단단히 만들어 주려고 한다. 내가 하는 아이 교육은 이 관점에 모두 맞춰져 있다.

"네가 살아갈 세상은 AI가 발달될 세상이라, 엄마는 도저히 예상할 수가 없어. 지금의 직업이 미래엔 많이 사라진대. 그래서 남들이 생각하지 못한 것을 생각하고, 도전하는 사람들이 필요해질 것 같아. 그러려면 네가 더 생각을 잘하는 사람이 되어야 해. 지금 학교에서 하는 공부는 네가 수영을 통해 근육을 키우는 것처럼 뇌 근육을 키우는 과정이야. 뇌 근육을 잘 키워 놔야 나중에 여러 가지 생각을 해낼 수 있거든. 그래서 지금 학교 공부를 열심히 해야 하는 거야. 그리고 수영을 오래 하는 것은 네가 나중에 하고 싶은 일을 시작했을 때 지치지 않도록 하기 위함이야. 지금부터 근육을 만들고 끈기를 연습해 두면 나중에 어떤 일도 잘 해낼 수 있을 거라 엄마는 생각해."

나는 아이들에게 여러 가지 직업도 알려 주려고 노력하는 편이다. 내가 유튜브나 강연, 책을 쓰면서 돈을 버는 방식을 설명해 주기도 하고, 아이가 〈신비아파트〉 만화가 재미있다고 이야기하면 그 뒤에서 이를 제작한 작가와 연출자, 애니메이터, 마케터의 존재가 있음을 이야기해 준다.

그러던 어느 날, 딸아이가 이렇게 내게 말했다.

"엄마, 〈신비아파트〉를 만드는 사람들은 진짜 대단한 것 같아. 이런 귀신들이랑 스토리를 어떻게 생각하는 거지?

이게 패턴이 있거든? 억울한 스토리가 있고, 갑자기 사고가 나서 죽어. 그러다가 귀신이 되는데 한을 풀어주면 또 사건을 해결해야 하고, 그런 패턴이 맨날 비슷하긴 한데, 그 귀신이랑 스토리가 계속 바뀌니까 뻔하지 않고, 너무 재미있어. 작가가 정말 대단한 것 같아. "

아이가 만화 뒤의 사람들의 모습을 보고 있었다. 평소 스토리를 네 컷 만화식으로 그리기를 좋아하기에 인스타그램에 올리는 여러 인스타툰을 보여주었다. 다양한 이야기를 올리면서 사람들을 모으고, 이를 통해 물건을 팔거나, 책을 내거나 캐릭터 상품을 파는 사람들의 방식도 알려주었다. 그랬더니, 자신도 인스타그램에 인스타툰을 올리겠단다.

('#수정이의초딩일기'라는 해시태그도 알려주어서 이 제목으로 가끔 일기처럼 올린다.)

나는 거의 20년 동안 N잡러로 살아왔다. 은행원을 그만두는 순간 험난한 세상에 몸을 던져 그 안에서 지금까지 잘 버텨 내고 있다. 고비도 많았지만, 그때마다 나름의 능력을 변화시키기도 하면서 계속 새로운 일에 도전하며 지금까지 왔다. 그 나름의 경험치가 쌓여서 지금은 세상이 바뀌더라도 굶어 죽지 않고, 잘 살아 낼 수 있다는 스스로의 믿음이 있다.

우리 아이들도 빠르게 바뀌는 세상에 대응력, 적응력을 갖춰야 하는 게 중요하다고 생각한다. 그래서 세상에는 여러 가지 직업이 있고, 할 수 있는 것들이 얼마나 많은지… 다양한 모습으로 살고 있는 사람들과 넓은 세상을 알려 주려 노력한다. 그래서 아이가 나중에 어떤 일을 시도했는데, 그것이 실패했을 때 스스로 괜찮다고, 다른 길이 또 있다고 생각하고, 새로운 도전을 계속할 수 있었으면 좋겠다. 다른 일로 전환할 수 있는 생각과 다시 도전할 수 있는 강한 회복탄력성을 갖고 있는 아이로 키우고 싶다.

나는 미래에는 바로 이런 능력들이 중요하다고 생각한다. 그것이 아이들의 수학이나 영어 성적을 당장 끌어올리는 일보다 백배 중요하다고 생각한다.

곁에서 무한으로 믿어주고, 실패해도 안아줄 곳이 있음을 알게 하고, 고정 관념을 깨는 열린 대화를 할 수 있다면 아이는 변화무쌍한 미래 세상에서도 행복하게 잘 살아갈 수 있다고 믿는다. 이것이 부모가 해 줄 수 있는 좋은 가이드가 아닐까?

"엄마도 미래를 모르기에 너를 믿을 뿐이다."

선행 학습보다 체력

우리 집 아이들은 초등학교 2학년과 6학년인데 지금까지 학업과 관련된 어떠한 학원도 다녀본 적이 없다. 딸이 초등학교 6학년 동안 다녀본 학원은 오직 수영센터뿐이고, 둘째도 마찬가지다. 학교 방과 후 수업도 댄스, 요리, 축구, 바둑 같은 취미 관련 활동만 했을 뿐 학업과 관련된 수업은 없다. 집에서도 숙제와 복습만 하라고 할 뿐, 내가 따로 공부를 시키거나 하지 않는다. 딸아이에게 들어보니 친구들 대부분 국어, 영어, 수학 관련 학원에 다니고 있다고 한다.

나는 학구열 높은 중계 학군에서 중·고등학교를 나왔고, 목동 지역에서 직장생활을 했기 때문에 (서울의 3대 대표 학군지가 대치, 목동, 중계다.) 학원에 대한 이해도나 장점을 모르는 것이 아니다. 그럼에도 내가 국·영·수 대신 수영학원에 보내는 나름의 이유가 있다.

먼저 초등학교 때 수업은 학교 수업만으로도 충분하다는 게 내 생각이다. 물론 아이가 수업 시간에 잘 집중하고, 숙제나 복습을 해 나가는 것이 필요하다. 초등학교 때의 공부 목표는 100점, 선행학습이 아니라 새로운 것을 알아가는 즐거움을 느끼는 경험이라고 생각한다. 선생님과 같은 반 친구들과 함께 학문의 호기심과 새로운 지식을 알아가는 즐거움을 아이가 매일매일 느꼈으면 좋겠다. 그 소중한 순간이 학원이 아니라, 교실이었으면 좋겠다. 그래서 선행학습을 절대 시키지 않는다. 난 왜 많은 엄마가 선행학습을 시켜 선생님이 알려주는, 새롭게 알게 되는 그 재미를 빼앗는지, 이미 학원에서 배워서 알고 있기 때문에 오히려 집중해서 들어야 할 정규 수업 시간을 지루하게 만드는지 모르겠다.

매년 학습 상담 때 담임선생님들과 이야기해 보아도, 선행학습을 해 온 아이들은 오히려 수업에 집중을 못 하고, 먼저 껴들거나 해서 수업 진행을 방해하는 경우가 있다고 한다. 그래서 선생님들이 선행보다는 복습을 위주로 공부하는 것을 추천하는데, 그 이유에 정말 공감한다.

게다가 초등학교 수업 내용은 아이들이 따라가기에 벅찬 수준이 절대 아니므로 수업 시간만 집중해서 잘 들으면 충분하다고 생각한다. 혹시 아이가 이해하는 게 조금 느리다면 집에서 추가로 복습하면 충분히 따라갈 수 있다.

둘째, 체력을 키우는 것이 초등 시절에 가장 중요하다고 생각하는데, 인생도 공부도 결국 마라톤이기 때문에 그렇다. 끝까지 꾸준히 하는 힘을 가진 사람이 결국 이뤄내는 것이다. 그 힘은 학원을 통한 단편적인 시험문제 익히기가 아니라, 체력과 정신력에서 나온다고 믿는다. 그래서 지금은 그 발판이 되는 체력과 힘든 과정도 긍정적으로 이겨낼 수 있는 건강한 정신력을 만드는 과정이 선행보다 중요하다 생각한다.

수학에도 기초가 중요하다는 말이 있는데, 체력이야말로 기초가 중요하다. 어릴 때부터 만들어 놓은 근육을 나중에 만들려면 훨씬 더 힘이 든다. 근육을 차곡차곡 쌓는 시간이라고 생각하면서 아이들을 수영학원에 보낸다. 수업 후에 친구들과 축구하고, 놀이터에서 뛰어놀게 하고, 좋아하는 댄스도 열심히 추게 하고, 시간적 여유가 있을 때마다 아이들을 끌고 같이 자전거를 타러 가는 이유다.

우리 아이들은 또래보다 체력이나 지구력이 좋은 편인데, 나는 이런 능력이야말로 나중에 아이들이 경쟁사회에 나가서 자신의 일을 할 때 빛을 발하고, 더 나은 성과를 만들어주는 핵심 역량이 될 것이라 믿는다.

물론 아이들이 아직 초등학생이라 가능한 이야기다. 아이들이 중·고등학교에 간다면 우리 아이들도 학원에 다니게 될 수도 있다. 하지만, 난 아이들이 보내 달라고 하지 않으면 보낼 생각이 없다. 스스로 필요성을 느끼고 보내 달라고 절실하게 말할 때 보내줄 생각이다. 아이가 학원에 갈 생각이 없다면 돈도 굳고 좋다. 그 돈 모아 해외여행에 갈 것이다. 세상 공부도 공부니까.

나는 우리나라 초등 공교육에 큰 신뢰를 하고 있다. 그 이유 중 하나는 초등 교과서에 있다. 아이들이 입학하고 나서 받은 교과서를 보고 정말 깜짝 놀랐다. 내가 배웠을 때보다 확연하게 더 좋아졌다. 표지부터 얼마나 예쁘던지, 구성도 지루할 틈 없이 재미나게 되어 있었다. 스티커도 붙일 수 있고, 기름종이도 있고, 교과 내용도 그동안 참 많이 발전된 것을 알 수 있었다. 이런 교과서로 공부하면 다음 장을 빨리 배우고 싶어질 것만 같다. (물론 아이들 입장은 다르겠지만.)

우리 아이들이 아직 초등학생이기에, 내가 직접 보고 겪은 초등학교로 한정해 말하자면, 나는 우리나라 초등교육에 진짜 만족한다. 교과나 체계도 세계적으로 내놓아도 결코 뒤지지 않는, 아주 훌륭하다고 생각한다. 이런 양질의 교과서를 세계적으로 구현하는 나라가 몇이나 될까 싶다.

나는 여행도 워낙 좋아하고 유학 경험도 있기 때문에 외국살이에 대한 관심이 많다. 타향살이의 고단함을 알기에 이민을 원하지는 않지만, 아이가 일찍이 외국에서 몇 년 살면서 경험해 보는 것은 외국어를 익히는 데 도움이 될 수 있다고 생각한다.

그런데 떠나는 것을 미루는 가장 큰 이유가 바로 아이들의 초등교육 때문이다. 교과서도 훌륭하지만, 교육부의 이념, 선생님들의 수준도 훌륭하고 좋다고 생각한다. 게다가 영양 만점의 점심도 무료로 제공되고, 의무 수영 교육도 있으며, 다양한 방과 후 수업까지 저렴하게 선택할 수 있다. 방과 후 수업은 학교에서 진행하며, 검증된 강사에게 배울 수 있으니 부모로서 일반 학원보다 더 안심할 수 있다.

나는 우리나라 초등 공교육의 수준과 가치가 저평가되어 있다고 생각한다. 학교 교육을 신뢰하기 때문에 공부는 학교에서 하는 것이라고 아이들에게 가르친다. 선생님을 뚫어져라 쳐다보고, 하시는 말씀을 잘 듣고, 교과서를 여러 번 보라고 조언한다. (아이들이 내 말을 듣는 지는 별개이다.) 그리고 예습보다는 복습을 시키고, 독서를 꾸준히 하도록 노력한다. 딱 그뿐이다.

그렇다 보니, 아이들은 학교를 마치고 집에 오면 할 게 별로 없다. 요즘엔 학교에서 숙제도 많이 내주지 않아서 집에서 잠깐 하고 나면 완전 자유 시간이다.

그래서 겉으로 보기엔 아이 교육에 별 신경을 쓰지 않는 엄마이지만, 나 스스로는 교육에 굉장히 관심이 많다고 생각한다. 다만 내가 중요하다고 여기는 배움이 다르기 때문에 집중하는 부분이 다른 것뿐이다.

또 학교는 공부의 진도 외에도 인성 교육, 사회성 발달을 하는 곳이고, 여러 명의 친구와 함께하면서 체육도 하고, 건강하게 몸도 키우는 곳이라 생각한다. 그래서 나는 지금 우리 아이의 수학 진도보다 현 교육감이 누구이고, 그가 어떤 생각을 갖고 있는지에 관심이 더 많다.

학교에 면담을 하러 가서도 우리 아이에 대해 묻는 것보다 담임 선생님이 어떤 교육 이념을 갖고 있는지, 어떤 분인지 듣는 것에 더 관심이 많다. 1년 동안 아이에게 가장 큰 영향을 미치는 사람이 담임 선생님인 만큼 그분이 어떤 사람인지가 가장 중요하다. 이야기를 들으면서 선생님의 교육 이념을 확인하면 더 마음 놓고 아이를 믿고 맡길 수 있게 된다. 좋은 선생님을 담임으로 만나는 1년은 그야말로 부모로서 가장 편한 1년이 된다.

다만 요즘 교권 침해가 갈수록 심각해지고 있고, 선생님들도 문제 발생을 예방하기 위해 점점 위축되어 소극적인 행동을 보일 때가 있어서 안타까울 때가 많다. 선생님들이 더 자신감 있게 자신의 이념대로 당당하게 주장하고 행동하셨으면 좋겠다. 때론 학부모에게도 당당하게 대항하고 끌려다니지 않았으면 좋겠다.

아이들이 줄고 있고, 사교육은 계속해서 늘어나고 있고, 교권은 추락하고 있다. 이럴 때일수록 부모의 생각이 아이에게 큰 영향을 미칠 것이다. 공부는 스스로 해야 하는 것이고, 마라톤처럼 장기전이기 때문에 멀리 갈 수 있는 전략을 잘 짜야 한다고 생각한다.

아이가 원치 않는 학원을 강제로 보낸다거나 주입식으로 강제 공부를 시키는 것은 학업에 대한 재미를 떨어뜨리고, 지치게 만드는 것이 아닐까 싶다. 실제로 과도한 부모의 압박으로 부작용이 나는 사례는 주변에서 쉽게 볼 수 있다. 공교육의 질을 높이는데 학부모들이 힘을 쓰고, 학교 선생님들에게 힘을 실어주었으면 한다. 그것이 아이의 삶에도 이로운 영향을 줄 것이라 믿는다.

간헐적 SNS 단식

클릭 하나로 온 세상이 연결되는 세상이 되었다. 지구 반대편의 내가 좋아하는 작가의 SNS를 통해 작가의 생활과 모습을 처음 보았을 때, 정말 신기했다. 시간이 꽤 흐른 지금은 SNS의 장점보다는 단점을 더 많이 느끼고 있다. 원치 않는 사람들의 모습까지 보게 되고, 중독성 강한 짧고 자극적인 영상까지 생기니, 한 번 SNS를 켜면 순식간에 시간이 지나버린다. 내가 하는 여러 가지 일들 역시 SNS의 활용이 필수적이지만, 난 종종 일부러 SNS를 끊는다. (사실 아예 지워버리고 싶다는 생각도 많이 하는데, 지금 하는 일들이 연결되어 있어 아직은 불가능하다고 생각한다.)

간헐적 SNS 단식. 시끄럽고 피곤한 세상에서 일정 시간

혼자 단절하는 나만의 방법이기도 하다. 간헐적 SNS 단식을 할 때 내가 느낀 좋은 점은 이렇다. 먼저 끊임없는 정보와 타인과의 비교에서 벗어나면서 정신적으로 더 편안해질 수 있다. SNS 속 사람들은 어쩜 그렇게 다들 열심히 살고, 돈이 많은지… 물론 그런 모습 뒤에 감춰진 진짜 모습이 있을 수 있다는 것을 모를 만한 나이나 경험치는 분명 아니지만, 조바심이나 부러움이 들 때가 분명히 있다. 그걸 의도적으로 단절함으로써 내 삶의 속도와 방향을 지킬 수 있다.

어느 날, SNS를 하면서 너무 피곤하다는 생각이 들어 한동안 SNS에 들어가지 않았다. 그런데, 갑자기 시간이 늘어난 것 같은 느낌이 드는 것이다. 올해는 내가 중국어 책을 번역하는 일에 도전을 시작했는데, 번역의 시간이 얼마나 소요되는지 궁금해서 일하는 시간을 하나하나 계속 기록해 봤다. 그렇게 해 보니, 하루 동안 밥을 먹는 시간, 쉬는 시간, 일하는 시간에 얼마큼의 시간을 쓰는지 정확히 알 수 있었다. 일을 하다가 잠시 휴대폰을 쥘 때가 있는데, 그후 시간을 수치로 확인하게 되었는데, 나의 휴대폰 여가 시간은 내가 생각했던 것보다 배 이상이어서 너무 놀랐다. 그만큼 일을 했다면, 번역했을 책의 페이지 수가 바로 환산되니 낭비한 시간이 더 실감났다. SNS만 안 해도 더 많은 일을 할 수 있다.

자기 전 다시 책을 읽기 시작했다. 원래는 유튜브나 SNS

를 보다가 잠이 들었다. 폰의 밝기를 어둡게 만들고, 끝도 없이 추천되는 영상들을 아무 생각 없이 클릭하며 보다가, 너무 늦게 잠드는 것이 반복되었다.

SNS를 끊으니, 잠들기 전 허전해서 책을 들기 시작했다. 처음에는 책을 몇 페이지 보다가 다시 휴대폰이 보고 싶어졌다. 몇 년 사이에 나의 집중력 시간이 이렇게 짧아진 것이다.《도둑맞은 집중력》이라는 책 제목도 있던데, 정말 나의 집중력을 도둑맞은 느낌이 들었다. 폰을 열고 싶은 욕구를 나 자신과의 설득을 통해 참으면서 책으로 시선 돌리기를 반복하니, 집중력 유지 시간도 점점 늘었다. 자기 전 조금씩 넘긴 페이지가 쌓여 꽤 많은 책을 읽을 수 있었고, 이 시간에 일기를 쓸 수도 있게 되었다.

SNS가 너무 많은 시간을 써버리도록 하고, 중독성이 점점 강하게 발전되고 있는 것도 문제지만, 더 우려스러운 것은 머리를 나쁘게 만든다는 것이다. SNS를 보면서 쉬다가 다시 일을 하려고 하면 머리가 멍하니 잘 돌아가지 않는다는 느낌을 받는다. 물론 아이를 낳고 나이가 드니 확실히 예전처럼 머리가 빠릿빠릿 돌아가지 않는 느낌이 드는 것도 이유일 것이다.

하지만, SNS 사용이 두뇌 발달을 망치고 있다는 근거는 실제 많이 나오고 있다. 머리를 전혀 쓸 필요 없이 즐길 수 있는 SNS를 하다 보면 여기에 적응이 돼버려서 다시 머리를 쓰려고 할 때 더 큰 에너지를 필요로 한다. 운동을 할 때 힘들다고 주저앉아 쉬다가, 다시 운동을 하려면 그새 몸이 굳어져서 풀리기까지 더 많은 시간이 걸리듯이 두뇌도 이와 같다. 그래서 머리를 써야 하는 일을 할 때는 도중에 SNS를 특히 하지 않으려고 노력한다. 집중의 흐름을 유지해야 하는 게 중요하다.

우연히 하게 된 SNS 단식이 생각했던 것보다 더 좋은 점이 많아서 그 후로도 의도적으로 가끔 SNS 단식을 하고 있다. SNS만 끄면 세상이 갑자기 고요해지는 기분이 든다. 그리고 나의 삶에 대한 긍정이 생긴다. SNS를 보다 보면 이렇게 살면 안 될 것 같고, 너무 게으른 것 같고, 다른 것에 도전해 봐야 하나 하는 조급함이 생기기 쉽다. 그런 자극을 받아 남을 따라 노력해 보고 시도해 본 적도 있다. 하지만, 이내 곧 나의 삶은 그들과 다른 것임을 깨닫게 되었다.

자신의 속도를 알고, 자신의 가치관을 지키면서 살아가는 것이 더없이 중요한 시대라 생각한다. 나를 지키는 데 SNS 단식은 도움이 된다. 불안하거나 남이 부럽거나, 시간이 너무 빨리 사라진다고 느낀다면 간헐적 SNS 단식을 한 번 해 보길 바란다. 건강을 위한 간헐적 단식과 함께 정신을 위해 간헐적 SNS 단식을 무척 추천하다.

Part 2

인간관계

"누군가는 성공하고,
누군가는 실수할 수도 있습니다.
하지만 이런 차이에 너무 집착하지 말아요.
타인과 함께, 타인을 통해서 협력할 때
비로소 위대한 것이 탄생합니다."
— 생택쥐페리

이혼하지 않고 잘 살고 있습니다

　결혼도 하지 않고 아이도 낳지 않고, 힘들게 결혼하더라도 두 커플 중 하나는 이혼하는 시대에 살고 있다. 이런 상황의 대한민국에서 내가 결혼해서 아이를 낳고(무려 둘이나!), 약 15년 동안이나 이혼하지 않고 살고 있다는 것은 객관적으로도 아주 낮은 확률에 속하는 것이라 할 수 있다. 그런 의미에서 나 스스로 정말 대단하다고 생각한다. (이혼 안 하고 살고 있는 사람들 대단해요! 내 남편도 대단하고!)

　가끔 우리 부부나 나를 아는 사람들에게 서로 잘 어울린다든지, 남편(아내)을 잘 만났다든지, 상대가 참 좋은 사람이라든지 하는 말을 종종 듣곤 한다. 신혼 때는 정말 그렇다고 생각했으나, 이젠 그런 이야기를 들으면 뭘 알지도 못하면서 저런 말을 하나 싶다. 나라고 그간 결혼 생활을 하면서 이혼 생각을 하지 않았을까? 전쟁 같고 지옥 같은 시간도 종종 있었다.

평생 가슴에 콕 박힐 만한 이야기를 듣고 너무도 큰 서운함에 슬퍼하기도 했고, 도저히 이건 내가 수년간 알고 있었던 상대의 생각이라고 믿기지 않는 말과 행동을 보고 이 사람한테 속았다는 기분이 든 적이 있었다. 곰돌이처럼 순한 사람인 줄 알았는데, 싸울 때 돌변한 매서운 눈빛이 마치 다른 사람 같은 얼굴 표정에 당황스럽기도 했고, 어린아이 같은 유치한 모습에 실망스럽기도 했다. 도저히 이 남자와는 살 수 없다는 생각에 남편과 아빠의 존재 의미에 대해서 진지하게 생각하기도 했었고, 이 두 가지가 가정에서 사라졌을 때를 가상 시뮬레이션으로 돌려본 적도 있다. 외롭고 힘든 시간이었다. 그런 위기를 몇 번 거친 뒤 이젠 조금 같이 살 만해진 느낌이다.

내 지인 중에는 정말 모범적인 잉꼬부부가 있다. 이미 자녀들은 다 성인으로 멋지게 자립시켰고, 30년 가까운 시간 동안 두 분은 늘 서로를 존중하고 아끼며 사랑하는 모습이다. 나는 이 두 분을 볼 때마다 정말 닮고 싶다는 생각을 많이 했고, 어떻게 이렇게 평온하고 훌륭하게 부부생활을 하고 계실까 생각했다. 얼마 전 사모님을 오랜만에 만나게 되어 물어보았다.

"사모님, 결혼 생활이 쉽지 않은 것 같아요. 너무 서운할 때도 많고… 그런데 사모님은 어쩜 항상 이렇게 잘 지내시는 거예요?"

그러자 예상치 못한 대답이 들려왔다.

"저도 결혼 10년 정도 넘어서까지 정말 많이 싸웠어요. 이혼까지 생각하고 정말 심각한 위기가 몇 번 있었죠. 그땐 너무나도 서운하고 화가 나서 도저히 안 되겠다 싶어 이혼을 생각했어요. 그래도 계속해서 다시 대화하고, 애 아빠가 노력도 많이 해서 그 고비를 잘 넘겼어요. 신혼 때도 애 키우면서 힘들어서 많이 싸웠는데, 애들 키워 놓으면 힘들게 없어서 안 싸울 줄 알았는데, 또 다투게 되더라고요. 계속 그런 과정을 겪었지요. 지금에 와서야 싸울 일이 없어지고, 서로 무슨 생각하는지 알게 된 것 같아요."

나는 이 부부를 10년 넘게 봐 왔었기 때문에 이 부부에게는 절대 이혼 같은 단어나, 심각한 위기는 전혀 없었을 줄 알았다. 그런데 이런 이야기를 듣고 깜짝 놀랐다. 그때 알았다. 모든 부부는 아무리 잘 맞고, 천생연분처럼 보이고, 행복하게 잘 사는 것 같아도 다 힘든 위기를 겪고, 이를 이겨 내며 지금까지 온 것이란 걸 말이다. 그리고 내가 겪은 위기가 나만 겪는 특별한 것이 아닐 수 있다는 사실을 알게 됐다. 그녀의 말이 정말 큰 위로가 되었다.

나에게 어떻게 이런 일이 일어날 수 있을까? 그동안 나의 삶이 부정당하는 기분에 슬픈 드라마 속 주인공이 되어 하루하루 비참한 기분으로 보내는 날들, 이것은 나에게 찾아온 불행이고, 도저히 해결 방법이 없는 것이라 생각했던 적이 있었다. 돌아보니, 그때가 우리 부부의 위기였고, 나는 그 시간을 잘 버텨냈다. 그땐 이 불행이 오직 나만 겪는 것이라 생각했고, 외롭고 힘들었다.

이제 보니 20~30년 넘게 잉꼬부부처럼 잘살고 있는 부부들도 모두 다 겪어 왔던 과정이었고, 다들 그렇게 버텨 내고, 시간을 보내며 이겨 내고 살고 있었던 것이었다. 나만 겪은 특별하고 세상에서 가장 힘든 일, 유일무이한 게 아니란 것을 알게 되었다. 그걸 알게 되자 우리 부부도 앞으로 더 행복하게 잘 살 수 있을 것 같다는 희망도 더해졌다.

끝나지 않을 것 같았던 감옥에 갇힌 듯한 시간도 결국 끝은 있었고, 다시는 돌아올 수 없을 것 같은 서로의 마음이 다시 따뜻함으로 채워지고, 매서운 눈초리에서 다시 온화한 표정을 되찾는 시간이 결국 버티다 보니 왔다. 이젠 이전보다 한층 더 서로에 대한 이해가 커지고, 편안해진 느낌이 든다. 큰 전쟁을 한바탕 이겨 낸 전우애가 더해진 느낌이다.

'이렇게 다들 살아 가는 거구나.'

어느 날, 지인을 만났는데 남편과 크게 다퉜고, 이혼을 생각 중이라고 했다. 내가 말했다. 조금만 시간을 더 보내 보는 게 어떻겠냐고, 조금 더 대화해 보고, 조금 더 노력해 보는 게 어떠냐고. 나도 그런 시간이 있었는데, 또 시간이 지나면 다른 관점이 생기기도 하고, 상황이 변하기도 한다고. 그러자 지인이 말했다.

"형부는 좋은 사람이잖아요. 둘은 너무 잘 맞고 천생연분
  이잖아요."

천생연분, 하늘이 맺어준 인연이라는 뜻이다. 수억 명의 사람들이 살고 있는 이 땅에서 만나 결혼까지 약속한 인연이니, 정말 하늘이 맺어주지 않았다면 어려운 확률이 맞다. 그런 의미에서 부부는 모두 천생연분이다.

그런데 부부는 천생의 인연으로 만난 천생연분이 맞지만, 이것이 행복을 보장해 주는 것은 아님을 아는 게 중요하다. 삶의 긴 과정 안에는 분명 몇 번의 위기 상황을 맞을 게 분명하다. 결국 중요한 점은 이런 상황을 어떻게 잘 헤쳐 나가고, 그 힘들고 외로운 시간을 버텨 내는 것인가다.

사람은 자기중심적이라 자신의 불행을 크게 생각하고, 남의 불행은 작게 느낀다고 한다. 타인이 큰 병에 걸린 아픔보다 지금 내 손에 박힌 가시가 더 고통스럽게 느껴진다. 그러

니, 나의 고통 안에 들어서면 다른 것은 안 보이고, 지옥처럼 큰 불행 속에서 허우적거리게 된다. 이때 이를 기억하자. 나만 특별한 지옥 불에 던져진 게 아님을 말이다.

방법이 보이지 않는다면 방법을 찾으려 하지 말고, 시간을 묵묵히 보내는 것도 방법이 될 수 있다. 깨가 쏟아지는 것처럼 보이는 저 부부도 나보다 더 힘든 위기의 순간을 이겨낸 후의 모습일 수 있다. 나만의 고통 속에서 빠져나오게 되는 그 시간이 오면 또 다른 깨달음이 생길 것이다. 긴 부부생활을 이어가기 위한 성숙함도 조금 더 늘어났을 것이다. 이 말이 큰 도움이 될 것이다.

"다들 이렇게 살아가고 있답니다."

인연 끊기도 때론 필요해

고등학교 친구들과 함께한 10년도 훨씬 넘은 단톡방이 있었다. 인원이 꽤 많다 보니, 한 명이 자신의 이야기를 풀기 시작하면 금방 카톡 개수는 100개가 넘어간다. 오늘 있었던 일부터 시댁 욕, 남편 욕, 자식 자랑, TV 프로그램 이야기 등 항상 주제는 변화무쌍하고 활발했다.

가끔 이 톡을 읽지 않고 넘어가면 다음 이야기가 이해되지 않기에 틈틈이 놓친 카톡 메시지를 보며 업데이트를 해야 했다. 이런 이야기들이 쌓이고, 공유하는 시간 모두 서로의 이해도를 높이고 함께 우정을 돈독히 하는 일이라 생각했다. 물론 대화 중에는 내 생각과 가치관의 차이를 크게 느끼는 경우도 많았지만, 매번 다르면 어떠한가? 고등학교 때부터 만난 아주 오래된 소중한 인연들 아닌가! 생각은 어차피 각자 다를 수밖에 없고, 그러려니 이해하고 넘어가는 게 제일이고 당연하다고 생각했다.

그러던 어느 날, 사건이 터졌다. 한 친구의 무례한 행동이 반복되어 더 이상 참다못해 내가 불만을 표현했다. 이를 계기로 서로 의견을 나누면서 각자 갖고 있었던 서로에 대한 생각을 확인할 수 있었다. 그리고 알게 되었다. 고등학교 때부터 만나 지금까지 수많은 시간을 공유하고, 이야기를 나눴기에 서로가 서로를 잘 안다고 생각했는데, 우리는 서로를 잘 알지 못하고 있었다.

우리는 이런 이야기를 종종 한다.
"우리가 어떻게 만난 인연인데!"
"그동안 우리가 함께한 시간이 얼마인데!"

돌아보면 그동안 서로를 다치게 하거나 상처를 줄 수 있는 말은 조심히 피했고, 직설적인 표현보다는 에둘러 표현하며 뾰족한 주제는 아예 삼갔다. 의견이 분분해지거나 의견 차이가 보이면 빨리 다른 화제로 전환하거나, 하고 싶은 말을 참는 것으로 넘어가곤 했다. 그렇게 불편한 상황을 회피하며 그냥 좋은 게 좋은 것이고, 오랜 시간 이어진 인연만큼 혹여나 탈이 날까 조심하며 버텨온 거였다.

우리는 서로의 의견을 들어 보기로 했다. 그런데 이야기를 나눌수록 친구들이 나를 이토록 잘 모르고 있다는 것에 충격을 받았다. 한편으로는 나 역시 이들을 내 방식대로 해석하고 바라보고 기대하고 있었음을 알게 되었다. 나에겐 굉장히 새로운 시선이었다. 오래 만났다고 서로를 잘 이해하는 것은 아니었다.

우리들은 학창 시절 때 만나지 않았다면, 이렇게 긴 시간을 함께 보내지 않았다면 진작에 헤어졌을 게 분명했다. 사실은 예전부터 이를 느끼고 있었지만, 함께 보낸 시간이 아쉬워서, 그 시간의 인연을 앞으로 만들기 쉽지 않을 것 같아서, 다른 사람들과의 관계도 얽혀 있어서 더 참고 조심해 왔었다. 혹여나 생채기가 날까 조심했던 이유로 더 불만이 쌓이고 또 쌓였는지도 모르겠다.

결국은 모두 내 잘못이다. 오래된 시간에 큰 의미를 부여하고 진작 헤어져야 할 인연을 붙들고 있었다. 혼자 기대하고, 혼자 실망하고 미련을 놓지 못해 혼자 노력하고 있었다. 오랜 시간과 우정의 깊이, 서로에 대한 이해가 비례한다고 착각하고 있었다. 이를 계기로 나는 오래된 관계를 정리할 수 있었다. 이제 헤어져야 하는 인연과 더 소중하게 노력해야 하는 인연이 정확히 구분되었고, 결정이 쉬워졌다. 오래

된 인연이라고 해서 끊을 수 없는 것이 아니었다. 혼자 지레 겁먹고 너무 많은 것을 생각하고 있었음을 정리하고 나니 알게 되었다. 이제는 인연의 시간에 연연하지 않게 되었다.

미주알고주알 모든 것을 공유하지 않아도 서로를 깊이 이해할 수 있다는 사실도 새롭게 알게 되었다. 서로를 깊이 이해하는 데는 일상의 에피소드보다 한 주제에 관한 깊이 있는 대화가 더 중요하고 필요하단 것을 알게 됐다. 그렇게 몇몇 인연을 정리하고, 몇몇의 인연은 더 깊어졌는데, 지금의 상태가 매우 편안하게 느껴지고 만족스럽다.

그 후로는 인연의 시간에 미련을 두지 않는다. 아무리 오랜된 인연일지라도 정리해야 하는 시점이 올 수도 있고, 그땐 편히 놓아줘야 한다는 것을 이젠 잘 안다. 그 안에서 너무 괴로워할 필요도 없고, 속상해할 것도 없다.

이젠 삶의 대략 반 정도에 왔다. 모두에게 좋은 사람이 될 시간이나 에너지가 부족하다. 좋은 인연에게 집중하고 챙기기도 바쁘고 부족한 시간이다. 내가 생각하는 좋은 인연은 함께 있을 때 편안하고 상대가 나를 존중해주어서 나 자신이 소중하게 느껴지는 관계다. 만나는 과정이 불편하거나, 만나고 오면 이상하게 기분이 별로라면 그 인연은 당신에게 좋은 관계가 아니라고 생각한다.

여자들은 촉이 예민해서 겉으로 주고받는 대화와 느껴지

는 느낌이 다를 때 바로 알 수 있다. 당신의 느낌이 맞다! 이젠 느낌 좋고, 만나면 편안한 그런 사람들만 만나고 싶다. 물론 직장에 다닌다거나, 거래처 등의 관계가 있어서 싫은 사람도 어쩔 수 없이 만나야 하는 상황이라면 또 다른 전략이 필요할 것이다. 하지만 이해득실이나 공적인 관계를 생각할 필요가 없는 상황에서는 그저 편안한 사람들과 함께 시간을 보내고 싶다.

　내게 온 인연은 일단 모두 감사하고 소중하다. 내 앞의 사람에게 최선을 다해 집중하되 인연에 너무 기대하지 않으려고 한다. 물론 나는 친절하게 대하고, 해주고 싶은 게 있으면 한다. 그리고 그만이다. 돌아올 것을 기대하지는 않는다. 내가 해주고 싶어서 한 것이고, 내 의도였고, 또한 해주면서 느낀 즐거움도 내가 느낀 것 아닌가! 그렇게 생각하니, 의도한 것이 아님에도 좋은 인연이 점점 많아지고, 불편한 사람들은 점점 줄어들고 있다.

　마흔쯤 되니 이제 인간관계에도 요령이 생기는가 보다.

　'헤어질 인연은 헤어질 것이고, 만날 인연은 또 만나게 될 것이다.'

추신: 책과 블로그, 유튜브를 한 지 시간이 꽤 지나서 어느새 나를 알고 있는 독자, 구독자, 이웃들이 많아졌습니다. 그분들 중에는 제 친구들보다, 저의 부모님보다도 더 저를 잘 알고 있는 것처럼 느껴지는 분들도 있습니다. (가끔 그분들 앞에 섰을 때 벌거벗은 것처럼 느껴질 때도 있어요.) 저를 이토록 잘 이해하고 있다니 정말 영광입니다! 독자님들도 저의 감사하고, 소중한 인연들입니다. 제가 더 잘할게요.

알면서도 속아주는 나이

수영을 마치고 탈의실에서 머리를 말리는데, 옆에서 나누는 대화가 들렸다.

🙂 : "우리 오늘 커피 한잔하고 갈까?"

🙂 : "언니, 나 오늘 일찍 가 봐야 해."

🙂 : "그렇구나. 내가 스타벅스 쿠폰이 생겨서 말했지…."

🙂 : "아, 그래? 나… 잠깐은 커피 마시고 갈 수 있을 것 같아."

🙂 : "…"

말을 뱉어 놓고는 민망했던지 황당해하는 표정의 둘 사이에 약간의 어색한 침묵이 흘렀다. 마흔이 어떤 나이인가 생각하다가 문득 알면서도 속아주는 나이라는 생각이 들었다.

우리들이 누구인가? 시기 질투 그득한 여고에서 질풍노도 시절을 보내며 매일 밤 10시까지 야간 자율 학습을 버텨 냈고, 사회 초년생 시절엔 직장 상사들의 찍어 누름, 텃세, 질투, 남자들만의 리그에 낄 수 없다는 좌절감을 경험해 왔다. 사회를 경험하면서 불공정한 세상임을 뼈저리게 깨닫기도 하고, 갑자기 내게 잘 해주는 사람이 있다면 이건 그 뒤에 분명 어떤 목적이 있다는 씁쓸한 사실을 알아 버렸다.

게다가 틈만 보이면 사기를 치려는 사람들이 이토록 많을 줄이야. 세상엔 이상한 사람들도 참 많다는 것을 경험하면서 이제껏 버텨온 나이다. 이제 더 이상 순진하다고 할 수 없는 어른이 되었고, 딱 보면 대충 저 사람이 여우인지, 사기꾼인지 얼추 가늠이 가능한 통밥과 경험치가 생겼다.

혹시 동대문 도매시장에 가본 적 있는가? 대체로 시장 사장님들은 손님이 와도 시큰둥해 한다. 옷을 많이 만지작거리면 눈치를 주고, 어떨 때는 아예 "사지 않을 거면 가세요!" 하고 대놓고 쫓아내는 경우도 있다. 이런 게 무서워서 도매시장에 가기 어렵다는 사람도 보았다. 그런데 내가 직접 장사를 해보니 그들의 행동을 바로 이해할 수 있었다.

나는 서울 종로구에서 아름다운 한옥에 예쁜 웨딩숍을 차려 6년간 운영했었다. 예약제로 손님들을 받았고 웨딩드레스를 포함한 제품과 웨딩 사진 같은 서비스를 제공했다. 은행원 시절 배운 영업 기술을 열심히 늘려가던 시기였다. 그렇게 한 해, 한 해 손님을 응대하는 기술이 늘기 시작하더니 급기야 나중에는 전화 목소리만 듣고도 어떤 고객일지 대충 파악이 되는 지경까지 도달했다. 대화 태도와 말투, 쓰는 단어들만 듣고도 얼굴을 보기도 전에 대략 그 고객이 어떤 스타일일지 파악됐다.

실제 마주하는 경우는 더 확실했다. 대화를 조금만 나눠 보면 이 고객이 드레스를 살지, 안 살지 대략 느낌으로 알 수 있었다. 안 살 게 뻔히 보이는 고객에게도 똑같이 최선의 서비스로 응대하는 것이 그 당시 나 나름의 수행이었다.

그때 이런 생각이 들었다. 하루에 대략 몇 명만 응대하는 나도 고객 보는 눈이 이렇게 생기는데, 동대문에서 몇십 년 동안 수천, 수만 명의 고객을 만나온 도매 사장님들은 얼마나 사람을 잘 보는 귀신이 되어 있을까? 당연히 한눈에 그 사람이 물건만 뒤적거리다 안 사고 갈 사람인지, 사 갔다가 곧 반품해달라고 다시 올 사람인지, 진상인지 아닌지 귀신처럼 파악될 것이다.

이토록 살아온 시간과 경험이 무서운 것이다. 물론 어떤 경험과 시간을 보내왔는지에 따라 수준은 다르겠지만, 분명 마흔쯤 살아왔다면 그 안에서 쌓은 각자 나름의 노하우를 분명히 갖고 있다. 그런데 새롭게 알게 된 사실이 있다. 많은

이들이 다 알면서도 속아주고 있다는 것.

누군가가 여우짓을 했을 때 이를 몰라 속아 넘어가는 줄 알았는데, 알고 보니 알면서도 그냥 넘어가 주는 것이었다. 인간관계에서 보이는 상대의 얄팍한 수를 알면서도 넘어가 주는 것. 이 뒤에는 우리 자신들도 다 해 보았던 미숙한 시절의 생각이라 이해해 주는 경우도 있고, 상대가 직접 표현하기 어려운 거절이나 다른 뜻을 눈치챘기 때문일 수도 있고, 다른 사람들과의 관계가 있기에 또는 이 관계가 불편해지지 않게 하려고 그냥 못 본 척, 모르는 척하는 것도 있었다.

나이를 먹으면 사람 볼 줄 아는 눈이 생긴 것이 삶에 추가된 기술인 줄 알았건만, 알면서도 그냥 넘어가 주는 그 여유와 이해가 진짜 더 고도의 기술임을 알게 된 것이다. 눈치 없이 착하다고만 생각해서 항상 손해만 보는 것 같았던 지인이, 사실은 이 인간관계 기술이 만렙치의 그런 사람이었음을 훗날 알게 되었다.

그렇게 다들 살고 있었다. 알면서도 모르는 척, 속는 걸 알면서도 속아주고, 억울한 부분도 참고 넘기면서 말이다. 그냥 '저 사람은 그런 사람이구나…' 그러려니 하면서 우리는 살아가고 있다. 이것이 나이가 들수록 인간관계에 있어 더 평화로워지는 이유가 아닐까 싶다. 앞으로도 알면서도 모른 척할 수 있는 이 지혜로운 삶의 스킬 능력치를 더 잘 키워가고 싶다.

막말 친구가 소중해

나에겐 비교되는 두 무리의 친구들이 있었다. 둘의 분위기가 매우 다른데, 한 무리는 너무 친절하고, 다른 한 무리는 너무 편하다. 친절한 친구 무리는 항상 좋은 말과 고운 말이 오간다. 넌 잘할 수 있다, 훌륭하다, 예쁘다, 부럽다… 항상 칭찬이 그득하고 미소를 띠며 예쁜 말이 오가는 무리다. 함께 있으면 긍정적인 분위기에 휩싸이고, 좋은 말도 많이 들으니 자존감도 높아지는 기분이 든다.

다른 한 무리는 비난과 구박, 막말이 난무한다. 그리고 당연히 칭찬에는 인색하다. 뭔가를 자랑하면 잘난 척한다고 구박당하기 일쑤고, 늘 대화는 투덜대는 그런 무리다. 어릴 때 만난 친구들이라 그때의 모습이 마흔이 넘은 지금도 그대로다. 물론 나이를 먹으니 많이 순화되었지만, 어릴 적 맨날 티격태격하며 갈굼을 통해 우정을 나누곤 했던 모습이 지금도 여전하다.

두 무리가 워낙 상반되다 보니 저절로 비교될 때가 있었다. 틱틱거리면서 칭찬에도 인색한 친구들의 무리 속에 있을 때 속상함을 느끼기도 했다. '왜 우리는 서로에게 더 다정하지 못할까' 하고 말이다. 아름다운 기운이 물씬 풍기는 좋은 말 친구 무리가 더 좋다고 생각했다.

그러다 어느 날, 내가 정말 힘들고 위로받고 싶을 때가 있었다. 그런데 바로 떠오르는 친구 무리는 어쩐지 막말하는 친구들 무리였다. 좋은 말이 오가는 무리 속에 내 슬픔을 터놓으면 그 친구들은 분명 예쁜 말의 위로를 전할 것이다. 그런데 그보다 "별것도 아닌데, 괜찮아~. 뭘 그런 걸로 이 난리야. 그냥 털어버려, 나쁜 X이었네." 하는 등 나 대신 말을 시원하게 해줄 것 같은 막말 친구들 방식의 위로가 왠지 더 듣고 싶었다.

시간이 흐를수록 점점 너무 아름답기만 한 좋은 말 무리의 긍정 분위기가 불편하다고 생각이 들었다. 늘 좋은 표현만 오가는 분위기다 보니, 이 분위기를 망치거나 심기를 건드릴 만한 표현은 내뱉기 불편한 상황이 연출되기 때문이다. 직설적으로도 말하지 못하고, 돌려 돌려 순화해서 좋게 표현해야 하고, 그렇게 말하다 보니, 이야기하는 게 피곤했다. 부정적인 표현이나 비판, 불만을 내뱉는 건 이 분위기에서는 참 어려운 것이었다. 그리고 점점 좋은 말 뒤에 감춰져 있는 진짜 감정도 보이기 시작했다. 좋은 표현 뒤로 숨겨진 시기, 질투, 비난 등등 비꼬는 말을 칭찬으로 둔갑해서 표현할 때도 있었다.

인간은 항상 좋은 감정만으로 살 수 없다. 억눌린 감정들은 어떻게든 표현하게 되어 있고, 표현을 편하게 하지 못하는 분위기에서는 결국, 또 다른 방식으로 문제가 생기거나 불편해진다는 사실을 알게 되었다. 오해의 빌미가 되는 말이 나오면 더 크게 문제되기 일쑤였다.

애초에 막말이 오가던 막말 친구 무리는 어떤 이야기도 수용할 수 있었기에 시간이 갈수록 편해졌다. 누군가를 비난하고 욕을 해도 욕으로 맞받아치고, 원래 그러려니 하다 보니 서로 기분이 크게 상할 것도 없었다. 막말 친구들의 모임에서는 억누르고 숨기는 표현도 없고, 서로에게 가식을 떨 이유도 없고, 필터를 한 번 거쳐서 예쁜 말로 포장하느라 에너지를 쓸 필요도 없이 그냥 말을 뱉으면 되었다.

점점 이런 관계가 더 편하게 느껴졌다. 그리고 이런 관계를 시작하는 게 훨씬 어렵고 대단한 일이라는 것을 알게 되었다. 내숭 떨 필요 없었던 어린 시절부터 오랜 시간 만나왔기에 가능한 상황이니까 말이다.

나이를 먹고 사회에서 만난 사람들과의 인간관계에서 상대를 잘 이해하기에는 한계가 있다. 어떤 업무나 목적에 의해 맺어진 관계이다 보니, 상황 안에서 피상적으로 대화를 주고받게 되고, 적은 대화를 하다 보니 상대가 어떻게 생각하는지 모르고, 그래서 말을 조심하게 되고 늘 예의를 갖추게 된다. 나도 그렇고, 상대도 나에 대해서 잘 이해하지 못하다 보니, 오해할 수도 있기 때문에 오해의 소지가 없도록 말을 조심해야 하고, 비판 같은 부정적인 말들은 머리에서 자동적으로 소거될 수밖에 없다. 그리고 이런 모습의 관계는 아마 앞으로도 계속 만들어지고, 지속될 인간관계의 모습일 것이다. 이것을 알게 되니, 막말 모임이 더더욱 소중하게 느껴진다.

남자들도 이와 비슷한 불알친구라고 표현하는 친구 무리가 있다. 만나면 서로 욕하고, 유치했던 과거 이야기들을 매번 반복하며 서로 구박하고 갈구면서 노는 관계. 사회적 성공이나 이룬 성과를 논하면서 미래 지향적인 대화가 아닌 네가 과거에 얼마나 지질했나를 경쟁하는 친구 사이 말이다. 세상 가벼워 보이는 이런 관계가 힘든 일을 겪어보면 가장 진심 어린 진국의 관계임을 새삼 발견하게 된다.

한 해, 한 해 지날수록 점점 챙겨야 할 것도 많고, 생각해야 할 것도 많아진다. 눈치도 늘었고, 사회적 스킬도 많이 갖추게 되었다. 그리고 이런 모든 것에는 다 에너지가 쓰이게 된다. 피곤해질 수밖에 없는 것 같다. 그렇다 보니 점점 에너지를 쓰지 않아도 되는 공간, 시간, 사람이 너무나도 소중해진다. 아무 생각하지 않고 머물 수 있는 나만의 장소, 시간, 사람… 그것의 가치가 점점 높아진다.

유튜브에서 미국에 있는 유명한 햄버거 체인점의 모습을 보게 되었다. 그곳은 종업원이 불친절하게 접대하는 게 콘셉트였는데, 손님이 들어오면 손가락 욕부터 시작해서 메뉴판을 집어 던지고, 메뉴를 추천해달라고 하면 다른 곳으로 꺼지라고 종업원이 답한다. 욕을 하고, 불친절한 모습을 보일 때마다 손님들은 까르르 웃으면서 좋아한다. 분명히 누군가는 대체 돈을 내고 왜 저기에 가서 욕을 먹고 있는 지를 생각할 것이다.

나는 확신한다. 우리는 모두 막말을 거리낌 없이 편하게 하고 싶은 욕망이 있다. 그런 곳에서 상대가 나에게 막말을 해주면 나도 가식을 떨 필요도 없고, 예의를 차릴 필요가 없으니, 긴장이 풀리면서 편안함을 느낄 수 있다. 그 부분에서 느껴지는 즐거움이 있기에 그곳에 많은 이들이 방문한다고 생각한다.

사회적 동물로 살아오면서 점점 규칙이 많아지고, 사회적으로 요구하는 예의범절의 수준 또한 높아지고 있다. 그래서 우리들은 알게 모르게 이를 지켜야 한다는 것에 스트레스를 받는 것이 아닐까 그런 생각이 든다.

마흔이 넘어서 아무 말이나 뱉어도 서로 오해하지 않고, 그대로 이해해 주고 편하게 어울릴 수 있는 그런 인간관계를 새롭게 맺을 수 있을까? 그게 가능할까?

아마도 쉽지는 않을 것이다. 그런 의미에서 나에게 먼저 자신을 있는 그대로 표현하고, 편하게 막말해 주는 사람이 있다면 그 사람에게 무척 흥미가 갈 것 같다. 새로운 막말 친구가 생기기를 바라보면서 현재 내 곁에 있는 소중한 막말 친구들에게 잘해야겠다고 다짐해 본다.

싹싹하고 친절한 사람보다
무뚝뚝한 사람!

　남편은 내가 누군가를 예쁘다고 하면 믿을 수 없다고 말한다. 자신이 직접 보고 판단해야 한다면서 여자들은 왜 항상 자기들끼리 예쁘고 귀엽다고 하는지 모르겠다고 말한다. 그러고 보니, 여자들은 참 서로를 예쁘고 귀엽다고 표현한다. 그게 가장 듣기 좋은 칭찬인 걸까? 자신이 가장 듣고 싶은 말인 걸까?

　나는 여중, 여고에 직장도 여성들이 가득한 은행에서 일했다. 항상 여자들과 부대끼며 오랜 시간을 보냈기 때문에 여자들의 대화, 여자들의 인사법에 대해 잘 알고 있고, 이에 대하여 하고 싶은 말이 있다.

　유독 싹싹한 사람들이 있다. 사람을 만나면 호들갑스럽게 인사한다.

"언니~, 너무 오랜만이야. 왜 이렇게 예뻐졌어? 얼굴 좋아
 졌는데?"

"오늘 정말 예쁘다! 언니 살 빠졌어?"

자동으로 이런 식의 인사가 시작된다. 난 처음엔 이 말이
진심인 줄 알았던 적이 있다. 그런데 피곤함에 절어 있던 퇴
근길 저녁 모임에서, 근래에 걱정이 있어서 얼굴이 죽상이
되어 있을 때, 씻지 못한 맨얼굴에 대충 아무 옷을 입고 나왔
는데도 불구하고, 오늘 예쁘다느니, 얼굴이 좋아 보인다는
인사를 듣고는 현타(현실 자각 타임)가 왔다. 그렇게 이건 진심
이 아니라 그냥 자동으로 나오는 인사치레였음을 깨달았다.

이런 인사를 잘하는 친구들의 모임이 있었다. 그들은 함
께 칭찬 경쟁이라도 하듯, 인사말을 호들갑스럽게 주고받으
면서 근황 토크를 시작했다. 겉으로는 다들 죽고 못 사는 절
친 사이로 보이겠지만, 사실 이들은 툭 치면 바로 끊어질 고
무줄 같은 관계라는 것을 후에 알게 되었다. 그저 형식적으
로 만날 뿐, 그리고 만나기만 하면 이렇게 칭찬을 퍼붓고 반
가운 티를 내지만, 또 오늘이 지나면 연락이 뚝 끊기는 사이.
대화에도 외모나 맛집, 여행 등 가십 수준의 질문뿐, 속 깊은
이야기를 주고받는다거나 상대를 이해하고자 하는 질문이
나 관심은 전혀 보이지 않았다. 그 후로 이젠 호들갑스럽게

인사하면서 친한 척을 하거나, 칭찬감옥에 나를 가두려는 사람은 우선 한 발짝 뒤로 물러서게 된다. 차라리 무심하게 인사하고, 근황을 조용히 묻는 사람이 좋다.

고등학교 2학년 때 처음으로 일본에 가보았다. 학교에서 진행하는 패키지 프로그램에 참여한 것이었는데, 큰 상점 같은 데서 살 것을 사고, 단체 버스로 돌아왔는데, 상인들 모두 나와서 단체로 허리를 90도로 굽혀 인사하는 게 아닌가. 그 후에도 얼굴에 만반의 미소를 띤 채 버스가 보이지 않을 때까지 단체로 손을 흔드는데 그 모습이 정말 충격적이었다. 어떻게 이렇게 친절할 수 있을까? 그 후에도 일본 여행을 할 때마다 사람들의 세심함과 친절함에 감탄했었고 너무나도 좋았다.

그런데 점점 일본 여행 횟수가 늘어날수록 일본인 특유의 친절함이 어느 순간 불편해지기 시작했다. 남에게 피해를 주는 것을 너무 싫어하는 그들인 것을 알게 되니까, 나부터 피해를 주면 안 된다는 생각에 신경 쓸 포인트가 너무 많았다. 지하철을 타면 캐리어를 어디에 두어야 사람들이 싫어하지 않을까, (실제로 한 번은 남편이 유모차를 자신이 착석한 자리 앞에 두고 손으로 잡고 있었는데, 옆에 앉아 있던 일본인 남자가 내리면서 발에 걸리적거린다는 듯 엄청나게 큰 소리를 버럭 지른 후 가 버려서 놀란 적이 있다.) 나의 이 행동이 문제가 되는 것은 아닌가 늘 되돌아보게 한다.

한 번은 아이에게 가챠(캡슐토이)를 뽑아주고 싶어 찾다가 환전소 가게 앞에 있는 캡슐 뽑기 기계를 발견했다. 마침 그곳이 환전소였기에 환전소에 들어가 지폐를 동전으로 바꿔달라고 요청하니, 아주 친절한 미소를 띠며 "스미마셍!(죄송합니다!)" 하는 게 아닌가. 나는 당신의 가게 앞 캡슐토이를 뽑으려고 하는 것이니 동전으로 바꿔달라 요청했지만, 그는 계속 친절한 표정으로 동전이 없다고 했다. 그런데 뒤이어 다른 사람이 가게로 들어와 환전을 요구하자 바로 동전을 내주었다.

일본인들이 다 친절한 줄 알았는데, 친절한 말투와 표정 뒤에 있는 불친절함을 보면서 너무 이상하고 무섭게 느껴졌다. 이들의 친절함 뒤에 있는 진짜 생각이 무엇인지 도저히 이해할 수 없게 되니, 점점 그들의 친절이 마냥 편하지만 않았다.

이젠 속마음과 표정이 같은 모습의 사람이 좋다. 비록 무뚝뚝할지라도 말이다. 어릴 때는 우리 모두 표정이 밝았다. 별거 아닌 것에도 까르륵 웃을 수 있는 진짜 밝음을 갖고 있었다. 하지만 지금은 각자 풀리지 않는 걱정과 고민이 적어도 몇 개씩은 가지고 있고, 삶의 풍파도 겪으면서 세상이 그렇게 늘 까르륵댈 수만은 없다는 것을 경험으로 아는 나이가 되었다. 오히려 너무 밝은 사람 중에는 어두운 면을 숨기려고 일부러 더 밝게 표정 짓고 있을 가능성도 있음을 안다.

나는 싹싹한 사람보다 무뚝뚝한 사람이 좋다. 무뚝뚝하게 시작해 입가의 미소가 아닌 행동의 친절함으로 살가워지는 관계를 선호한다. 물론 나는 표정부터 꽤 친절한 편이다. 일단 잘 웃는 편이고, 목소리도 하이톤이어서 기본적으로 먹고 들어가는 게 있다. 그러나 상대에게 마음에도 없는 칭찬이나, 잘 보이고자 노력하진 않는다. 이젠 그럴 필요가 있는 관계도 별로 없을뿐더러 그렇게 살고 싶지도 않다. 그럴 필요가 있는 인간관계라면 만들고 싶지도 않다. 그런 것에 에너지를 쓰고 살고 싶지 않다.

남에게 과하게 친절하지 않고 잘 보이려고 하지 않는 사람. 자신을 더 나은 모습으로 치장하는 게 아니라 솔직하게 자신을 있는 그대로 보여주는 사람, 그런 자연스러운 사람이 난 좋다. 굳이 잘 보이려고 하지 않을 때 가장 크게 매력 어필되는 것이다!

진짜 친구 사이가 아니었다

카톡 방에 친구의 시댁 욕이 또 시작됐다. 그런데 이야기를 잘 들어보면 이 친구에게도 분명 문제가 있다. 시어머니를 오해하고 있다는 생각도 들었고, 이렇게까지 대응하는 친구가 너무 심하다는 결론에 이르렀다. 시어머니 입장에서 생각해 보면 황당하고, 이런 상황이 힘들 것도 같았다. 그래서 친구에게 이렇게 이야기를 건넸다.

"네가 오해한 걸 수도 있지 않을까? 그렇게 지레짐작하지 말고, 다시 여쭤봐. 내가 보니까 요즘은 시어머니들이 며느리 눈치를 더 보더라. 시어머님도 지금 이런 상황에 힘드실 거야."

시댁 욕을 하는 친구 앞에서 이렇게 대답하는 모습, 당신

생각은 어떤가? 공감 능력이 1도 없는, 친구의 화를 돋우는 사람이 아닌가? 당연히 친구 입장에서는 듣기 싫은 답변일 것이다. 나도 안다. 친구가 어떤 위로의 말을 듣고 싶은지 말이다. 물론 그렇게 안 해본 것도 아니다. 친구의 속상한 마음을 들어주고, 그 부분은 위로를 해주기도 여러 번이었다.

하지만 항상 반복되는 문제를 이제는 좀 다른 관점으로 바라보며 해결해 보는 것을 이번엔 제안해본 것이다. 이제는 듣기 싫은 이야기여도 친구니까, 다른 친구들은 입을 다물고 있으니, 그 친구가 싫어할 것을 뻔히 알지만 그럼에도 친구의 더 나은 관계를 위해 내가 이 이야기를 해야 한다고 생각했다. 언제까지 친구는 전혀 잘못이 없다며 친구의 시어머니를 함께 욕해줄 수 있겠는가.

하지만 결과는 어땠을까? 나를 더 설득해서 자신의 편이 좀 되어달라는 듯 아주 작은 시시콜콜한 일까지 전부 끌고 와 시어머니, 시집 욕을 더 했다. 저 사람들이 나쁘다는 것을 무조건 증명해 내고야 말겠다는 것처럼.

이건 정말이지 자기 얼굴에 침 뱉기 아닌가. 그런 어머니가 낳은 아들을 바로 네가 선택해서 지금 함께 살고 있지 않은가. 그렇게 문제가 많은 어머니의 육아 안에서 남편은 제대로 잘 자라 왔겠는가? 그 남자를 선택해서 결혼까지 한 친구의 남자 보는 눈은 어쩔 것인가? 자기 얼굴에 침 뱉기는 그만했으면 좋겠다는 마음에 한 나의 조언은 친구에게 닿지 않았다.

그 후로도 친구의 시어머니 흉은 계속되었다. 하지만 난 그 부분에선 아예 어떠한 조언이나 그 어떤 공감도 표현하지 않는다.

내가 생각하는 진짜 친구는 기쁠 때 함께 기뻐하고, 슬플 때 위로해 주는 것을 넘어 때론 친구를 위해서 친구가 듣기 싫어하는 쓴소리도 할 수 있는 게 진짜 친구라고 생각한다. 쓴소리했을 때 나의 본심을 잘 알고 있어서, 그 말을 오해 없이 들을 수 있는 친구, 또는 오해가 있더라도 이를 편히 물어보고 오해를 바로 풀 수 있는 사이, 그런 게 진짜 친구 사이라고 생각한다.

만약 마음 속에 떠오르는 생각을 바로 얘기하기 어렵거나, 쓴소리를 하면 오해할 수 있을 것 같아 아예 쓴소리를 삼켜야 하는 관계, 늘 좋은 말, 칭찬, 격려, 파이팅만 오가는 사이는 진짜 친구 사이는 아니라고 생각한다. 그냥 아는 사이지.

난 진짜 친구가 되고 싶다. 좋은 일은 나보다 더 기뻐해 주고, (슬픈 일에 같이 슬퍼하는 것보다 좋은 일에 같이 기뻐해 주기가 더 어려운 일이다.) 쓴소리도 과감없이 해 주는 그런 진짜 친구들이 내게도 많아졌으면 좋겠다.

마음이 알려주는 관계

　삶을 살아가는 데 필수적인 인간관계는 우리의 삶에 너무나 큰 영향을 끼친다. 때론 기쁘게 하고, 때로는 슬프게 한다. 어릴 때는 인간관계를 잘 맺고, 이를 유지하기 위해 많은 애를 썼다. 그리고 그런 노력이 부질없었음을 깨닫는 경험도 하게 되고, 상황에 따라 점차 인간관계가 정리되고, 재정립되면서 지금은 힘을 많이 뺄 수 있게 되었다.

　삶의 다른 부분이 그러하듯, 인간관계에서도 삶의 내공이 쌓이는가 보다. 이젠 나랑 맞는 사람인지 아닌지를 금방 알아챌 수 있다. 마음이 내게 알려준다.

　함께 있을 때 애쓸 필요가 없는 사람, 나를 있는 그대로 표현해도 괜찮아서 함께하는 시간이 편안한 사람이 좋다. 굳이 무언가를 증명하거나, 꾸미려 하지 않아도 된다. 말할 때 상대가 오해하거나 곡해할지 걱정할 필요도 없으니, 좋게 돌려 말하거나, 입으로 나오는 말을 참을 필요도 없다. 그래서 편하다. 물론 이런 관계 중에는 대부분 오랜 시간 동안 쌓아온 데이터와 이해가 바탕이 된 관계가 많지만, 만난 지 얼마 안 된 상대에게도 이런 느낌을 받을 때가 있다. 참 소중한 순간이 아닐 수 없다.

반대로 이 사람과는 연을 맺지 말라고 마음이 강하게 신호를 줄 때가 있다. 이를테면 이런 사람들이다.

첫째, 지나치게 비판적인 사람.

기회가 있을 때마다 내 의견을 끊임없이 비판하고 지적하는 친구가 있었다. 시간이 흐른 뒤 이것이 나에 대한 질투나 자기 현실에 대한 불평임을 알게 되었다. 자신의 스트레스를 타인을 통해 풀어내고, 타인을 낮추면서 스스로의 자존감을 챙기고 싶어 하는 사람이 있다. 그들은 마치 나를 생각해서 하는 조언처럼 포장해서 비난하고 죄책감을 심어준다. 그런 사람과의 관계는 빨리 끊어내야 한다.

함께하는 시간이 점점 더 힘들고 불편하다면 그 사람의 말이 조언을 가장한 언어 폭력은 아닌지 냉철하게 판단할 필요가 있다.

둘째, 이기적인 사람.

사람은 누구나 자신의 이익을 위해 생각하고, 행동하는 존재임을 알고 있다. 하지만, 그 선택으로 타인에게 피해를 줌에도 괘념치 않고 이기적인 선택을 하는 이들이 있다. 자신에게는 관대하지만, 상대에게는 배려가 부족하고 냉혹한 잣대를 들이댄다. 이런 사람은 이익이 맞물린 상황에서 진짜 확연하게 표가 난다. 직장에서 자신의 성과를 위해 다른 사람들을 이용하고, 책임을 떠넘기기 일쑤인 사람, 다수의 결정에서도 자신의 이익을 위해 생각을 주장하는 사람이다. 함께 모일 장소와 시간을 정할 때 자신의 집과 가까운 곳, 자신이 편한 시간으로 정하려고 하는 사소한 모습에서도 발견할 수 있다. 이런 사람과는 거리를 두고 싶다.

셋째, 입이 가벼운 사람.

친구에게 나의 힘든 고민을 털어놓았는데, 훗날 타인에게서 그 친구가 내 고민을 가십거리 삼아 이야기하고 다녔음을 알게 되어 큰 상처를 받은 적이 있다. 게다가 나의 고민이 나의 약점으로 돌변해 있는 모습에 더더욱 놀라움을 느꼈다. 그 후로 나는 개인적인 고민이나 이야기를 삼가고 조심하게 되었다. 사람들은 대체로 타인의 고민을 가볍게 생각해 버린다. 때로는 나에게 다른 이의 치부를 쉽게 말하는 사람을 만나기도 하는데, 그 사람에게는 나의 속이야기를 절대 하지 말아야겠다고 다짐하게 된다. 불필요한 오해와 갈등을 유발하는 관계가 될 수 있고, 이런 사람과는 신뢰를 쌓기 어렵다.

별 이유 없이 그냥 함께 있는 그 시간이 불편하고, 어색한 공기가 흐르는 사람도 있다. 나와 결이 맞지 않은 사람을 마치 본능이 알고 있다는 느낌이다. 과거의 경험을 통해 어떤 사람과의 관계가 내 삶에 얼마나 부정적인 영향을 미치는지 데이터가 쌓여 있고, 이젠 이들을 멀리할 수 있는 용기와 노하우도 생겼다. 이젠 사람에 대한 취향도 생기고, 멀리할 수 있는 자신감과 용기도 장착된 것 같다.

결국, 내가 좋아하는 인간관계는 마음이 편한 상대이다. 나를 꾸밈없이 표현할 수 있는 상대, 그렇게 편한 사람과 함께 있을 때 진정한 나 자신이 될 수 있고, 이런 관계야말로 너무 소중하다. 이런 상대를 만난다면 소중함과 감사함도 자주 표현하려고 노력한다. 이제 나의 인간관계에 대한 노력은 힘든 관계를 개선하고 유지하는 데, 소중한 관계를 공고히 하는데 더 많이 쓰이고 있다. 이런 소중한 인연을 캐치하기 위해 마음의 소리에 귀를 기울여 보길 바란다. 마음이 잘 알려 줄 것이다.

서로에게 밥이 되어 주자

지금 살고 있는 아파트에 약 4년 전에 이사를 왔는데, 당시 이 일대는 수천 세대의 아파트가 입주 예정으로 매일매일 공사로 시끄러웠던 시기였다. 건설은 막바지 작업 중으로 매일 텅텅거리는 건설 소음과 분진이 있었고, 불편한 부분이 많았다.

하지만 어쩔 수 없으니, 참는 것이 당연하다고 생각했다. 그 와중에 창문으로 보이는 아파트 단지의 모습이 하루가 다르게 완성되어 가는 모습이 재미있고 신기했다. 무엇보다 놀이터가 생겨서 반가웠다.

입주가 시작되고, 놀이터에 아이들을 데리고 가 보았다. 이 동네가 원래 빌라와 소규모 아파트가 많은 곳이라 놀이터같이 아이들이 놀만한 곳이 부족했는데, 새로 생긴 놀이터는 반가운 소식이었다.

그렇게 가끔 기회가 생기면 놀이터에 아이들을 데리고 갔다. 그런데 어느 날, 현수막이 걸렸다. '입주민 외 놀이터 이용을 금지합니다.' 그리고 그 아래 작은 글씨로 외부인의 이용으로 놀이터가 손상되는 등의 문제 발생을 막기 위함이라고 적혀 있었다. 첫째 아이가 이 현수막을 보더니, 이 놀이터에 우리는 오면 안 되느냐고 물었다. 아이에게 이유를 설명하는데, 현수막의 명분이 여기 사는 사람이 아닌 아이들 때문에 놀이터가 망가진다는 이유이니, 아이에게 어떻게 설명해야 할지 난감했다. 외부에서 온 사람들은 잠재적 문제를 일으키는 것처럼 명분을 세운 표현이 불쾌했다. 이를 본 아이들이 상처를 받을까 우려스러웠다.

얼마 지나지 않아 이번엔 아파트 입구마다 담과 문이 생겼다. 이젠 비밀번호를 알고 있는 입주민들만 들어갈 수 있도록 한 조치였다. 그리고 요즘의 신축 아파트들이 대부분은 이렇게 문을 걸어 잠그고, 비거주자의 놀이터 사용을 막고 있는 분위기다.

수년간 이 아파트를 짓는 과정에서 생기는 여러 불편함을 이 동네 모든 사람이 묵묵히 감수해 왔는데, 집이 완성되자마자, 이런 선을 긋는 행동을 하니 야박하다는 생각이 들었다. 건축 과정뿐만 아니라 비가 많이 내리던 날, 아파트 단지를 꾸며 놓은 나무와 토사가 쏟아 내려지며 인도와 도로가 흙으로 다 막혔던 적도 있었다. 모두 이해하고 지나갔고, 그게 함께 살아가야 하는 이웃이니 이해해 주는 것이 당연하다 생각했다. 수년간 기존 주민들의 배려는 입주가 시작되니, 바로 잊혀 버렸다. 화장실 들어가기 전과 후가 이토록 달라지다니!

상황이 이렇다 보니, 요즘엔 아파트를 짓기 시작할 때부터 부근 주민들이 계속 민원을 넣고, 피해 보상을 요구하고, 만족할 만한 금전적인 보상이 이뤄질 때까지 공사를 지체시키는 일도 심심치 않게 벌어진다고 한다. 이게 대체 서로 뭐하자는 건지 모르겠다. 모두 조금의 손해도 볼 수 없다는 마음가짐이 느껴진다. 하지만 결국엔 모두의 손실이 아닌가? 갈수록 선 가르고, 손해 안 보려고 애쓰는 세상이 참 아쉽기만 하다.

김수환 추기경은 소천할 때 "서로에게 밥이 되어 주십시오."라는 말씀을 남겼다. 이게 무슨 뜻일까? 내가 해석한 뜻은 이렇다. 우리가 식당에서 밥을 먹을 때 이것은 단순히 내가 돈을 주고 음식을 구매했기 때문에 당연히 먹을 수 있는 것이 아니다. 정성스레 벼를 심고 키운 농부의 땀과 유통업자, 판매원, 배달원 덕분에 식당에서 너무나 편리하게 밥을 먹을 수 있는 것이다. 물론 돈을 지불했지만, 많은 이들의 효율적인 업무, 시스템 발달의 노력이 있었기에 내가 낸 돈 그이상의 서비스를 제공받는 것이다. 결국 간단한 음식도 타인이 존재하고, 그들의 노력과 도움, 희생이 있었기에 가능하다. 내가 돈이 있어서 당연하게 먹는 그런 단순한 것이 아니란 말이다. 그런데 대부분의 사람들은 눈앞의 모습만 볼 뿐, 그 뒤에 숨겨진 것을 놓치곤 한다. 그래서 타인에 대한 존재와 감사를 잊는다.

고 김수환 추기경이 말씀한 서로에게 밥이 되라는 것은 결국 우리는 그렇게 더불어 살아야 하는 존재이고, 그렇게 사는 것이 이 세상의 순리임을 알려준 것은 아닐까. 우리는 밥을 먹든 뭔가를 이루고 성공하든, 그 모든 것은 타인의 밥이 있었기에 가능한 것이다. 우리 역시 현재 누군가의 밥이 되어주고 있고, 그래야만 한다. 그러니 눈앞의 현상만 보고 공정을 따지고 논할 것이 아니라, 그 너머 누군가의 수고와 그들에게 신세 진 것을 바라보고, 이를 깨닫고 갚아 나가는 행동을 해야 된다고 믿는다.

이렇게 서로의 밥이 되기로 결심하고 행동한다면 세상은 훨씬 더 따뜻하고 편할 것이다. 무엇보다 서로에게 이런 선택과 행동이 손해가 아니라 이득으로 돌아올 것이라 확신한다.

'서로에게 밥이 되어 주자!'

시작보다 더 중요한 마무리

웨딩사업을 할 때 느낀 점이 있었다. 당시 서울의 핫한 동네에서 5년을 넘게 가게를 운영하다 보니, 주변에서 개업하고 폐업하는 모습을 자주 보게 되었는데, 그들의 모습이 대부분 비슷했다. 개업할 때는 떡을 돌리면서 반갑게 인사를 하고, 사업 중에는 지나가다 마주칠 때도 늘 반갑게 인사하며 항상 친절한 모습이었다.

그런데 폐업하는 상황에서는 몇 년간의 시간이 무색하게 느껴질 정도로 인사도 없이 떠나가 버리는 경우가 많았다. 물론 대부분 장사가 잘되지 않아 문을 닫거나, 희망 가득한 개업 때와는 달리 폐업할 때는 빚이 생겼을 상황일 수도 있다. 그래서 기분 좋게 인사할 만한 형편이 아닐 수 있다는 것도 충분히 이해한다.

하지만, 이것이 인생의 마지막이 아니지 않은가? 앞으로 인생은 또 어떻게 될지 모른다. 우리도 또 어디에서 어떻게 다시 만날지 모르는데, 이렇게 인연이 끝나버리는 것이 좀 서운하기도 하고, 아쉽기도 했다. 그래서 그들을 보면서 나는 폐업 때 개업 때보다 더 잘 인사해야겠다고 생각했다.

드디어 내가 폐업하는 그날이 왔다. 나는 마무리를 잘하고 싶었다. 그래서 떡을 사서 주변 상가 사장님과 이웃 분들께 드리면서 그간 많이 챙겨 주심에 감사 인사를 드렸다. 아마 개업 떡은 많이 보았어도 폐업 떡은 처음이었을 것이다. 폐업이 예정된 한 달 전부터 가게 대문 앞과 홈페이지에도 공지를 통해 고객에게 감사 인사를 올려 두었다. 잘 기억나지 않지만, 그동안 감사했고 즐거웠고 앞으로의 도전도 계속 지켜봐 달라는 내용이었다.

나의 끝인사에 많은 분들이 좋은 소감을 들려주었다. 좋은 경험을 했다는 고객님들의 인사부터 이 자리에서 20년 넘게 살았지만, 이렇게 갈 때 인사하는 사람은 별로 없다는 지역 주민의 말씀, 폐업 떡은 처음이라는 이웃 상가 사장님의 이야기 등, 이런 말씀과 함께 나의 앞날에 축복의 덕담을 더해주었다. 가게를 마무리 짓는 날이 아니라, 새로운 시작을 축복하는 날이 된 것 같은 느낌이 들었다.

나는 여러 가지 주제로 강의 프로그램을 수년간 운영해 왔다. 특히 한두 달 정도의 긴 수업을 진행하다 보면 처음 모습과 마지막이 다른 사람들을 정말 많이 본다. 분명 시작할 땐 의욕이 넘치고, 밝고, 열정이 가득한 모습이었는데, 마지막쯤엔 수업에 집중조차 하지 못하거나, 핑곗거리가 많아진다거나, 아예 결석해서 마무리 인사도 없이 가버리는 경우가 종종 있다.

내 수업 첫날에는 수강자들에게 간단한 자기소개와 목표를 말하도록 하고, 마지막에는 소감과 각오를 듣고 종강을 한다. 특히 마무리를 중요하게 생각하지 않는 사람들, 이유 없이 마지막 날 결석한 사람들을 볼 때면 아쉬움이 너무 크다. 그리고 첫 수업에서 요란한 열정을 보이는 사람일수록 마지막이 더 흐지부지되는 경우가 많다는 것도 새롭게 알게 된 사실이다. 빈 수레가 요란하다는 게 이런 것일까? 진정성은 말이 아닌 꾸준한 모습에서 나온다고 생각한다. 마지막까지 한결같은 사람, 끝맺음을 잘 짓는 수강생이 좋다.

나 역시 일을 하거나, 수업을 진행할 때 마무리를 잘하려고 노력한다. 특히 장사하는 사람 중에는 물건을 팔 때와 다 팔고 나서의 모습이 달라지는 경우가 많다. 강사도 강의를 파는 사람이다. 모객할 때는 감언이설로 사람들을 끌어모으고, 과정이나 마무리는 흐지부지해서 실망을 주는 사람이 있다. 나 역시 그런 경험을 한 적이 있었다. 그래서 나는 끝까지 내가 할 수 있는 최선을 다하려고 한다. 사람들과의 인연도 시작보다 마무리가 더 중요하기 때문이다. 수업이든 잠깐 만나는 사람이든, 이 인연이 또 어떻게 이어질지 모른다고 늘 생각한다.

내가 고객 입장일 때도 마찬가지다. 예를 들어, 요가학원에 다니는데, 다음 달부터 그만 다녀야겠다고 생각을 했다고 치자. 그럼 선생님에게 다음 달은 사정이 생겨 다니지 못하게 되었다고, 그간 감사했다며 인사를 하고 마무리 짓는 것이다. 물론 굳이 말을 하지 않아도 되는 이야기이고, 좀 껄끄러운 이야기일 수도 있지만, 그래도 이렇게 마무리 짓는 것이 아무 말없이 멈추는 것보다 백배 낫다고 믿는다. 이런 작은 마무리가 우리의 인연을 계속 열어 두고, 서로의 축복을 빌어주는 계기가 된다.

시작보다 마무리가 더 아름다운 사람이 되고 싶다.

Part 3

부와 성공

"인생에서 두려워 해야 할 것은 없습니다.
이해해야 할 것만이 있습니다.
이제 우리는 모두 더 이해하기 위해
더 두려워하지 않아야 합니다."

— 마리 퀴리

마흔의 꿈은 다르다

나는 꿈 많은 소녀였다. 7살 때부터 선생님이 되겠다는 꿈을 아주 큰 확신으로 갖고 있었고, 아이돌이 되고 싶다는 꿈도 있었다. 20대 때는 멋진 커리어 우먼, 사업가의 꿈을 꾸고 있었고, 책을 한창 읽기 시작했던 20대 초부터 작가라는 꿈도 덧붙였다. 그리고 놀랍게도 현모양처의 꿈도 있었다. 딸 하나, 아들 하나를 낳아 좋은 엄마가 되고, 행복한 가정을 꾸리는 것도 자주 상상해 왔던 꿈이었다.

그 외에도 하고 싶은 바람들도 참 많았다. 야외 결혼식장에서 춤을 추며 하는 결혼이라든가, 신혼여행을 6개월 이상 길게 가고 싶다는 바람 같은 것 말이다. (이 조건 때문에 결혼 후보에서 제외된 남자들이 많았다. 지금 생각해 보니 살짝 아쉬운 마음이

드는 건 왜일까?) 하여튼 참 꿈도 많고, 하고 싶은 것도 또렷했던 사람이었다.

지금 돌아보니, 꿈꿨던 많은 것들이 이뤄진 것 같다. 10년 넘게 책을 쓰고 있는 작가가 되었고, 작은 사업이었지만 나름 파란만장한 사업가 경험도 했고, 학교 선생님 대신 여러 프로그램을 진행하고 있고, 강연을 나갈 때마다 선생님이라는 호칭을 듣게 되었다. (스승의 날에 기프티콘을 받기도 한다! 세상에!)

아이돌이 되진 못했지만, 강연하는 무대에 섰을 때 정말 아이돌의 꿈을 이룬 것 같은 느낌이 들 때가 있다. 특히 나를 보러 오신 구독자나 독자들을 만나는 순간은 정말 아이돌이 부럽지 않다. 야외 결혼식을 올리며 웨딩드레스를 입고 춤을 췄고, 남미로 6개월간 신혼여행도 다녀왔다. 바라던 대로 딸과 아들을 낳아(하느님 감사합니다!) 좋은 엄마가 되려고 노력하고 있다. 다만 현모양처에서 좋은 아내인지는 물음표라 남편한테 미안한 마음도 든다. 남편과 전쟁통 같은 상황을 몇 번 겪으며 애정보다 전우애가 더 커진 느낌이 든다.

어쨌건 결혼한 지도 10년이 훌쩍 넘었다. 글을 쓰며 새삼 정말 바라왔던 많은 것을 이룬 것 같아 감사함이 커진다. 물론 내가 이룬 부분을 성과로 따진다면 이건 또 별개의 문제다. 성공적인 결과로 꿈을 이뤘는지 평가한다면 난 여러 꿈은 실패일지 모른다.

하지만 마흔쯤 되어 보니, 이제 꿈이란 것을 시도한 것만으로도 인정해 주고 싶다. 비록 좋은 결과를 내지 못했거나 마무리를 짓지 못한 꿈이었어도 일단 시도해 봤다면 그것은 꿈을 이룬 것이라고 쳐주고 싶다. 돌아보니 시도했던 꿈에는 후회가 없고, 그걸로 됐다는 만족감이 있기 때문이다.

게다가 도전하고 노력한 과정 속 나의 모습이 떠올라, 그 자체를 애썼다고 토닥여 주고 싶은 마음이 든다. 그렇게 이뤘다 쳐주고, 이제 꿈의 다른 챕터로 넘어가야 한다.

결혼하고 아이를 낳은 것처럼 삶의 큰 변화가 생긴 상황이라면 꿈에 대한 관점도 달라져 있을 가능성이 크다. 이젠 꿈의 한 챕터가 넘어가고 새로운 꿈의 챕터가 열린 것으로 생각한다. 마흔을 넘어서며 여러 역할이 부여된 지금은 꿈을 꾸고, 꿈에 도전하는 자세가 완전히 달라졌다. 꿈의 첫 번째 챕터가 무모하기도 했고, 자신감에 가득차서 하고 싶은 것을 향해 무작정 달려갔다면 다음 꿈의 챕터는 조금 더 조심스러워지고, 신중해졌다. 그리고 여러 상황을 고려해서 조율해야 하는 지혜가 필요함을 절실히 느낀다.

예를 들어, 나는 20대 때 첫 책을 출간한 후 지금까지 계속 원고를 쓰고 있지만 작업 방식은 이전과 완전히 달라졌다. 오직 나만 신경 쓰면 되었던 20대 때는 하루 종일 노트북을 끼고, 여기저기 글이 잘 써지는 장소를 찾아다니면서 글을 썼었다. 그런데 지금은 글을 쓰는 온전한 시간을 낼 수 없기 때문에 이동시간까지 고려해서 장소를 선택해야만 한다. 지금 나의 일하는 방법은 한마디로 '틈틈이, 아무 데서나'이다. 보통은 평소보다 한 시간 정도 일찍 일어나 글을 쓰는데, 글을 쓰다가 아이가 깨면 밥을 챙겨주고 등교 준비를 시작해야 해서 글쓰기는 타인에 의해 중단되는 경우가 다반사다. 그렇게 아이를 학교에 보내고 나서 가장 한가한 오전 시간이 지금 나의 주 업무 시간이다.

이때 나를 방해하는 것은 또 있다. 설거짓거리, 바닥에 굴러다니는 머리카락 등 눈에 거슬리는 집안일이 바로 그것이다. 이런 집안일에 눈을 꾹 감고 미뤄 놓아야 그나마 몇 시간의 일할 시간을 확보할 수 있다.

요즘 글을 쓰는 추가된 또 다른 공간은 바로 수영장 대기실이다. 아이를 수영학원에 보내 놓고, 대기실에 앉아 노트북을 펴는 것이다. 아이가 수영복으로 갈아입고, 수영하고 나서 씻고 옷으로 갈아입는 시간까지 모두 포함하면 약 1시간 20분 동안의 시간이 확보된다. 그 어떤 방해도 받지 않기 때문에 의외로 집중이 잘 돼 요즘 가장 알차게 일하는 공간이 되었다.

한 번은 아이가 바둑 승급 심사를 보러 간 적이 있었는데, 아이가 시험장에 혼자 들어가 시험을 본다는 대회 일정을 확인하고 노트북을 챙겨 갔다. 그리고 아이를 시험장에 들여보내 놓고, 난 화장실 옆에 놓여 있는 의자에 앉아 글을 썼다. 예전에 분위기 좋은 커피숍에서 노트북을 켜고 글을 쓰면서 작가다운 나의 모습에 취하곤 했던 적이 떠오른다. 사람들의 수다가 들리고, 음악 소리가 흐르는 공간에서 나는 오른쪽엔 커피를 두고, 때론 글을 쓰느라 놓쳐 버린 한 끼를 대신할 케이크가 있고, 노트북 타자를 치며 집중하는 작가의 모습을 흉내 내는 스스로의 모습이 너무나도 멋져 보였다.

그런데 지금은 화장실 옆이어도 의자가 놓여 있다는 것만으로도 감사한 상황이다. 나만의 온전한 시간이 귀하고, 그 순간이 바로 작업 공간이 된다. 장소나 상황을 가리지 않는다. 이젠 멋진 장소로 준비하고 이동하는 그 시간도 아깝다. 그래서 지금 나의 모습은 멋진 작가의 모습은커녕 마감에 쫓겨서 글을 쓰고, 그 덕에 밀린 업무에 대한 생각을 머리 한편에 처박아 두고, 그 와중에 엄마 노릇도 해야 하는 고군분투 중인 모습에 더 가깝다. 그리고 모든 일보다 우선순위인 아이가 존재한다.

그래서 아쉬운 순간도 많다. 몰입해서 글이 주르륵 써지고 있는 상황인데, 아이나 집안 일정으로 아쉽게 집중력을 깨뜨리고 글쓰기를 멈춰야 하는 경우가 그 순간이다. 내가 계획했던 일정이 이런 비슷한 상황의 이유로 틀어지는 일은 수도 없이 많다. 주말이나 방학에는 아이들과 항상 붙어 있으니, 업무 생산성은 그야말로 바닥으로 떨어져 버린다. 그래서 정말 속상하기도 하고, 아쉬운 마음도 들지만, 빨리 감사한 마음으로 전환하려고 노력한다.

아직도 내가 할 일이 있고, 이로써 돈을 벌 수 있다는 것에 소중함이 더 커진다. 예전 같았으면 액수를 따지며 하지 않았을 일도 그 자체의 소중함이 크기 때문에 하는 경우도 많아졌다. 예전엔 보지 못했던 무형의 가치가 이젠 절실하게 다가온다. 아이를 돌보면서 일을 할 수 있는 것도 행운이라고 생각한다. 결국 모든 것에 감사하다.

그리고 이는 나의 선택으로 만들어진 상황임을 스스로도 아주 잘 알고 있다. 일보다 아이를 우선순위에 놓은 것은 엄마로서 나의 본능이기도 하고, 내가 죽을 때 후회하지 않기 위한 나의 주도적인 선택이기도 하다. 이 선택이 눈앞의 수입보다 훨씬 더 큰 무형의 가치가 있다는 것을 알고 있다. 때론 힘에 부치고, 고군분투하는 것처럼 느껴지는 상황에서도 결국 감사함이 더 클 수밖에 없다.

또 감사한 것은 무엇인지 아는가? 이런 나의 모습에 많은 사람이 공감해 주고 응원해 주고 있다는 것이다. 초기 유튜브 시절 첫째 아이의 유치원에 자차로 등·하원시켜야 하는 상황이었고, 그때 두 살 된 둘째를 함께 데리고 다녔다. 때때로 누나를 기다리는 차 안에서 둘째가 잠들었는데, 그럼 나는 카메라를 켜서 유튜브를 찍곤 했다. 주차장에 세워 놓은 어두컴컴한 차 안에서 혼자 카메라를 켜고, 육아 이야기도 하고, 재테크 이야기도 하고, 일상 이야기도 했다. 유튜브 편집도 당연히 아이들이 잠든 틈틈이, 장소에 상관없이 해야 해서 나는 오래전부터 오직 핸드폰으로만 편집을 해왔다. 그 모습에 많은 이들이 자극을 받았던 것 같다. '이렇게도 할 수 있구나.' '저 사람은 이런 상황에서도 즐겁게 자신의 일을 하고 있구나…' 하고 말이다. 나는 콘텐츠 내용에만 집중했는데, 사람들은 틈틈이 아무 데서나 콘텐츠를 만드는 나의 모습을 봐주었다. 그래서 열악한 촬영 환경, 유치한 편집 능력임에도 응원해 주고, 좋아해 주었던 것이라 생각한다.

지금 생각해도 벅차오를 만큼 큰 감동이다. 이때를 떠올리니, 지금의 작업 환경은 더없이 좋은 것이라는 생각을 새삼 하게 된다.

하나 우려되는 것이 있어 덧붙이겠다. 이 글이 당신에게 "아이를 핑계 삼아 일을 못한다는 말은 하지 말라! 이렇게 틈틈이 얼마든지 할 수 있지 않은가!"라는 주제로 받아들인다거나, 혹시나 자책하면 절대 안 된다. 그런 기분이 들었다면 이는 전적으로 부족한 나의 글솜씨 때문이다.

이 글의 주제는 나이가 들고, 상황이 바뀌었을 때 꿈을 바라보는 관점도 바뀌어야 한다는 이야기다. 성과와 속도의 관점에서 바라보았던 꿈이었다면 이젠 도전하는 것 자체로 꿈을 이룬 것일 수 있고, 내 상황과 잘 조율해 나가는 것, 그래서 비록 속도가 더뎌진다고 하더라도 그 모든 과정이 (아이를 키우고, 집안일을 하는 것도 포함해서) 우리가 꿈을 이뤄가는 과정이고 그래서 의미 있고, 어떤 것도 (만족스러운 성과가 없더라도) 괜찮다는 뜻이다. 육아와 살림 외에 다른 꿈이 없다면 이 또한 당연히 괜찮다. 육아도 꿈이 아니었는가? 나는 정말 육아가 꿈이었다. 우리는 모두 우리가 꿈꾸었던 삶을 살고 있고, 오늘은 그 과정 중에 있다.

상황이 바뀌어 새로운 꿈의 챕터로 넘어갔다면 이런 관점을 추가했으면 좋겠다. 가끔 아이를 키우면서 전업주부가 된 사람들이 멈춰 있는 듯한 도태된 느낌, 꿈을 포기할 수밖에 없다고 이야기하면서 상황을 아쉬워하는 것을 자주 보았다. 난 그렇게 생각하지 않았으면 좋겠다.

우리 모두는 꿈을 포기한 것이 아니다. 새로운 꿈을 꾸고 있고, 긴 과정을 필요로 하는 꿈을 진행 중이거나, 여러 꿈을 병행하고 있거나, 또는 새로운 꿈에 대한 도전을 준비하고 있다. 그래서 모두 멋지고, 충분히 괜찮다. 자신의 노력과 역할의 가치를 스스로 폄하하지 않기를 바란다. 당신 기분 좋으라고 건네는 일시적인 위로의 말이 아니다. (난 그런 식의 말을 정말 싫어한다.) 그 시간과 상황을 경험해 보면서 냉철하게 생각해 보고 내린 결론이다. 이 결론에 이르니 압박감이나 스트레스 없이 계속 새로운 꿈에 도전할 수 있게 되었고, 결과와 상관없이 과정 안에서 행복감과 감사함을 느낄 수 있었다.

그렇기 때문에 나는 당신도 나와 함께 이런 관점으로 새로운 꿈의 챕터를 인식하기를 바라고, 그 행복한 여정을 함께 하길 바란다.

그땐 내가 똑똑한 줄 알았어

10대, 20대 아이돌을 보면 얼마나 자신감에 차 있는지 모른다. 경력이 20~30년 넘은 방송인들은 아이돌을 보며 "오야, 오야, 잘한다!" 하며 띄워주고, 아이돌이 혹여나 예의가 없거나 실수하더라도 수용해 주고 받아준다. 20대의 어린 친구들을 볼 때마다 생각한다. 이 얼마나 좋은 나이인가. 순수하면서도 자신감이 가득 찬 나이. 세상이 얼마나 혹독한지 모르는 채 자아도취에 빠져 무한한 자신감을 뽐낸다.

나도 그럴 때가 있었다. 그땐 내가 참 똑똑하고 잘난 줄 알았다. 소개팅에서 거절을 당하면 상대가 좋은 사람을 못 알아본 탓이고, 취업을 준비할 때 지원한 회사에서 떨어지더라도 그 회사가 아까운 인재를 못 알아본 것으로 생각했다.

정말 엄청난 자신감이었다.

회사에 다닐 때도 나는 내 의견을 개진하는 데 두려움이 없었다. 지금 생각해 보면 분명 많은 배려를 받고 있었다. 하지만, 나는 내가 배려를 받는 줄 모르고, 내가 더 똑똑하기 때문에, 맞는 말을 했기 때문에 상대가 조용하게 넘긴다고 생각했다. 불합리한 상사의 요구 앞에서 무조건 고개를 숙이면서 죄송하다고 말하는 선배들의 모습은 나를 참 화나게 했다. 그 모습이 자존심도 없고, 비굴하고 못나 보였다.

'이렇게 더럽고 치사한 일까지 비굴하게 참다니…. 최악의 상황이라면 이 회사 때려 치우고 다른데 가면 되는 거지…' 하고 생각했다. 결국 능력이 없으니 저렇게 비굴하게 참고 버틴다고 여겼다. 어린 내 눈엔 그들의 모습이 정말 하나도 멋있지 않았다.

시간이 흘러 지금 그 사람들은 직장에서 아주 높은 직책에 있다. 은행의 지점장이 된 사람들, 동기들도 대부분은 팀장, 부지점장이 되었다. 나의 입사 동기들만 해도 벌써 20년 가까이 한 직장을 다니고 있는 셈이다.

이제서야 그들이 얼마나 대단한 사람들인지 알게 되었다. 20~30년간 자신의 위치에서 버틴 그들의 인내심과 끈기, 성실함이 대단히 존경스럽다. 그동안 얼마나 힘든 일을 많이 버텨 냈을까? 반복되는 일은 또 얼마나 지겹고, 영업 스트레스는 얼마나 숨이 막혔을까? 승진의 압박, 승진 누락의 좌절감, 지금까지 함께 한 수백 명의 직원들 관계에서 버텨내고, 자신의 자리를 차지하고 있는 사람들이 이젠 다시 보인다. 나는 진작에 도피해 버린 일을 결국 해낸 이들이다.

〈생활의 달인〉이라는 프로그램이 있다. 한 분야의 달인들이 나와서 엄청난 업무 능력을 기행처럼 펼치는 프로그램이다. 봉투를 붙이는 부업을 20년 동안 한 달인은 손가락 스냅이 너무 빨라 보이지도 않는다. 그렇게 봉투를 넘기면서 착착 풀을 붙이고, 각을 잡으면 어느새 봉투가 탄생한다. 그 모습이 신기해서 넋을 놓고 보게 된다.

이 프로그램은 2005년도부터 방영을 시작했다고 하는데, 사실 난 20대에는 이 프로그램을 너무 싫어했다. 여기에 나오는 달인들이 대단하긴 했지만, 답답한 마음이 더 컸다. 그래서 보기 싫었다. '왜 더 수익이 많은 다른 일에 도전하지 않았을까?' '왜 이 일만 이런 경지에 이를 때까지 주야장천하는 걸까?' 하는 답답함이 있었다. 아마도 이렇게 달인의 경지까지 올랐지만, 그에 걸맞은 대우를 받고 있지 못하는 현실의 모습에 화가 났던 것 같다.

마흔쯤 되니 여기에 나오는 달인들을 진심으로 존경스럽게 바라보게 되었다. 삶의 과정이라는 것이 마음처럼 계획대로 되는 것이 아니란 것을 이젠 잘 알기 때문이다. 각자의 사정이 있고, 또 사람마다 바라는 삶도 다르다. 결과적으로 이룬 성과로서 타인의 삶을 함부로 결론 내리고 평가하는 것이 얼마나 우습고 잘못된 일인지를 깨달았다. 삶을 진실하게 살아온 과정을 이젠 볼 수 있게 되고, 그 과정의 숭고함을 알게 된 것 같다. 각각의 삶의 과정은 모두 숭고하고, 비교할 수 없으니까 말이다. 그저 그 과정을 얼마나 진심으로 진하게 살아왔는지가 더 중요하고, 이젠 그 모습을 보면서 존경심이 묻어 나오는 나이가 된 것 같다.

어릴 때 생각했던 멋진 모습과 마흔쯤 돼서 느끼는 멋진 삶의 모습의 기준은 전혀 다르다. 어릴 땐 불의를 못 참고 당당하게 표현하는 사람, 손해 보지 않고 자신의 몫을 당당히 챙기는 사람, 자기 삶에 플렉스 하면서도 잘 즐기는 사람, 외적으로 화려한 사람, 지적인 모습의 샤프함, 카리스마 있는 리더십, 화려한 언변과 겉모습… 이런 것들이 멋져 보였다.

하지만 지금은 전혀 다르다. 알면서도 모르는 척할 수 있는 사람, 잘난 척보다는 겸손이 흐르는 사람, 기꺼이 손해를 감수하는 사람, 인내심이 강한 사람, 지겹고 똑같은 것을 꾸준히 해 내는 사람, 같은 일을 10년 이상 해 오고 있는 사람, 무던한 사람, 흔들리지 않는 사람, 요행을 꿈꾸지 않고 성실함으로 승부를 보는 사람, 하루를 진하게 열심히 살아가는 사람… 이런 사람들이 무척 부럽고, 대단하고, 존경스럽고, 닮고 싶다. 이런 태도야 말로 정말 갖기 어려운 능력이고, 이를 갖고 있는 사람이었기 때문에 그들을 '달인'이라고 부르는 것을 깨달았다.

지점장, 팀장이 된 나의 입사 동기 중에는 이제 어린 직원들이 보기엔 참 비굴하고, 못나 보이는 상사가 되어 있을 것이다. 그리고 그들도, 나도 이젠 어린 친구들을 만날 때면 알면서도 모르는 척하고 있지 않을까? 똑똑한 자신에 취해 자신이 맞다고 주장하는 그 모습을 "오야, 오야" 그저 귀엽게 봐주고 싶은 마음이 있다. '그땐 나도 그랬지!' 하면서 말이다.

지금은 어려서 모르는 나이, 그래서 또 가질 수 있는 용기, 발끈하는 마음, 무모함, 자기 확신, 자기 고집… 이런 것들도 다 그때만 할 수 있는 것들이 아닐까? 그래서 젊은 친구들은 그 모든 것을 마음껏 표현하며 그 시기를 즐기고 보냈으면 하는 바람이 있다.

우리도 마찬가지다. 20년 후로 가서 나를 돌아본다고 상상해 보면 이 마음을 스스로에게 적용해야 한다는 생각이 든다. 그래서 지금 부족한 내 모습을 다 받아주고 사랑해 주고 싶다. 이젠 어떤 모습도 소중하다는 것을 안다. 그러니 마음껏 표현하면서 살고 싶다. 훗날 돌아봤을 때 부끄러운 모습일지라도 이때만 할 수 있는 것들도 많고, 그 자체로 부러움과 아쉬움이 느껴질 수 있으니까 말이다.

　마흔이 넘었지만, 여전히 성장의 과정에 있다. 그러니 마음껏 시행착오를 겪으면서 더 진하게 마흔을 보내고 싶다. 그렇게 삶을 하루하루 최선으로 살아 내다 보면 시간이 흐르면서 자연히 그때 몰랐던 것을 알게 될 것이고, 또 크게 성장하게 될 것이다. 그렇게 나도 삶의 달인이 될 수 있지 않을까? 묵묵히 나를 응원하고, 지켜보고 싶다. 그러다 10년 후엔 또 이렇게 말하겠지….

　"그땐 내가 많이 깨닫고, 성숙한 줄 알았어…."

돈에 대한 관점도 변하더라

    나는 어릴 때부터 빨리 돈을 벌어 성공하고 싶었다. 책을 고를 때도 '돈', '성공', '부자'라는 단어가 들어가 있는 책만 골라 읽었다. 재테크에 관심도 많았고, 어서 빨리 월급을 받아 그 돈을 모아 재테크를 시작하는 게 대학생 때부터 바람이었다.

    직업을 선택할 때도 통장을 들여다보고, 재테크를 마음껏 해도 눈치 보지 않을 것 같은 은행을 선택했다. 정말 하루에도 수십 번 내 통장을 들여다보고, 금융상품을 찾아보며 하루하루를 보냈다. 그렇게 열심히 하면 돈을 많이 모을 수 있고, 사업도 시작하고, 집도 살 수 있을 것 같았다.

    은행에서 많은 부자들을 만나왔다. 놀라운 자릿수의 숫자가 찍힌 통장도 보게 되고, 실제 은행 창고에 쌓여 있는 돈뭉치도 보면서 점차 돈과 부자에 대한 다른 관점들이 생겨났다. 먼저 돈이 많으면 행복할 줄 알았는데, 그렇지 않은 부자 고객들도 많았다. 아주 골치가 아픈 모습이나 걱정과 불안이 그들에게 여전히 달라붙어 있었다. 돈이 불안을 잠재우고, 행복을 담보하는 것이 아니라는 당연한 사실을 계속 확인할 수 있었던 경험들이었다.

'돈은 결국 종이고, 숫자일 뿐이구나!'

경매를 배우고, 하게 되면서 나쁜 사람들이 어떻게 사회 초년생들을 등쳐 먹는지, 어떻게 집을 통해 사기를 치는지 그 패턴이 보이기 시작했다. 처음엔 이런 일이 버젓이 일어나고 있다는 것에 놀랐고, 수십 년의 시간이 흘러도 여전히 이런 일이 반복적으로 진행되는 것에 또 놀랐다. 그리고 가해자들이 법적 책임을 지지 않고 빠져나갈 수 있는 구조에 사회 초년생들에게 미안함마저 느꼈다. 그래서 유튜브에 전세 사기에 대한 경각심을 갖게 하는 영상을 종종 올리곤 했다. 경매를 배우러 온 수강생에게 제일 먼저, 그렇게 가장 강조하는 것이 바로 '내 재산을 지키는 법'이다.

마흔쯤 나이를 먹으니, 세상일이라는 게 내가 계획한 대로 내 맘처럼 되는 것이 아니라는 걸 알게 되었다. 내가 열심히 돈을 모아서 1000만 원의 고지를 넘겠구나 예상하는 순간, 갑자기 부모님이 병원 신세를 지게 되어 500만 원을 써야 하는 상황을 마주하게 된다거나, 먹고 싶은 것도 참아가며 열심히 돈을 모아 투자했던, 펀드 수익률이 어느 날 반토막이 되어 그간 못 먹고, 못 입은 내 노력이 더 아쉽게 느껴진다거나, 힘들게 돈을 모아 이제야 월세에서 전세로 넘어왔는데, 사기를 당해 한순간에 수천만 원을 날린다거나 하는 일들이 지금도 여전히 일어나고 있다.

10년 넘게 재테크와 부동산 강사로 활동하면서 깨달은 사실은 돈을 불리기 전에 전제가 되어야 하는 것이 바로 '돈을 잃지 않고, 지키는 일'이라는 점. 열심히 안 쓰고, 모으고, 두 배로 불려 놓으면 뭐 하나! 사기를 당해서 한순간에 사라져 버렸는데 말이다. 10년 넘게 보아왔던 전세 사기가 그래도 2022년부터 세상에 공론화되고, 사기꾼들이 처벌도 받게 되어 참 다행이다.

물론 여기까지 오는데 너무나도 많은 사람이 금전적인 피해를 입었고 아깝게 꺼져 버린 목숨도 있었다는 점은 참으로 슬프고 안타까운 일이다. 그리고 이런 일들은 누구에게나 일어날 수 있다는 점이다. 전세 사기를 당한 사람들의 인터뷰를 들어보면 하나같이 자신에게 이런 일이 일어날 줄 몰랐다는 말로 시작한다.

사람들은 여전히 어떻게 하면 더 빨리 돈을 불리고, 재산을 만들어갈지 그 방법을 쫓지만, 사실 재산을 잃지 않는 것이 그보다 백만 배 더 중요하다는 것을 나는 삶을 통해 배웠다. 그래서 지금까지 사기가 판을 치고, 여러 위험이 가득한 세상에서 큰 사기를 당하지 않았고, 내 재산이나 건강을 크게 잃지 않았다면 사실 이것만으로도 엄청난 행운이고, 감사해야 한다. 이게 진짜 팩트다. 수익률이 거의 제로에 가깝다고 하더라도 현재 큰 손실을 겪은 경험이 없다면 지금 꽤 잘하고 있다는 것. 물론 누군가는 빠른 속도로 재산을 증식하고 있는 것처럼 보이기도 할 것이다. 누구는 너무 빨리 성공을 향해 올라가고 있을 수 있다.

하지만, 끝까지 가 봐야 한다. 사람 인생 어떻게 될지 모른다. 마지막에 웃는 자가 승리한 자이고, 그러기 위해서는 지키는 것이 중요하다. 지키는 공부를 시작하자.

이제 나는 돈에 대해 관점이 많이 달라졌다. 불리는 것보다는 지키는 것의 중요성을 더 인식하고 있고, 조급함도 많이 내려놓게 되었다. 물론 객관적으로 살림살이가 나아졌기 때문일 수 있다. 내 집 마련을 했으니 더 이상 이사를 걱정하거나, 집주인의 눈치를 보지 않아도 되고, 경매를 통해 싸게 산 부동산이 시기를 잘 맞아 재산 증식이 되어 준 부분도 영향이 있을 수 있다. 하지만, 객관적인 수치로 따지면 부자에

속하기엔 너무도 거리가 있으므로, 아무래도 상황 때문보다는 관점이나 마음의 영향이 크게 작용했다고 생각한다.

어릴 땐 가진 것에 대한 감사가 부족했고, 갖지 못한 것에 대한 부러움과 조급함이 컸었던 것 같다. 나이를 먹고, 아이를 키우면서 돈에 대한 욕심이 많이 줄었고, 현재에 감사하는 시간을 많이 갖게 되었다. 아이를 낳아 아이를 품에 안고 집에 돌아가는데, 어제는 둘이었는데, 오늘은 셋이 되었으니 진짜 부자가 된 기분이었다. 그 조그맣던 아이들이 이제 몇 배로 키가 자라 있어 그 모습을 보면 심은 농작물이 무럭무럭 자라고 있어서 풍성한 마음이 든다.

가족 모두 건강하니 감사하고, 무엇보다 내 몸이 건강해서 운동도 다니고, 도전도 할 수 있어 감사하다. 지키는 관점으로 보아도 병원비나 추가적인 비용으로 큰돈이 나가지 않고 있는 상황에 감사할 뿐이다.

물론 사기를 당하고 몇 천만 원의 돈을 잃은 경험도 있다. 당시에는 너무 힘들고 속상했지만, 수억 원을 잃는 사람들도 많은데, 이 정도면 괜찮은 거라고 위로해 본다. 이를 통해 세상을 보는 눈이 조금 더 넓혀졌고 배운 것이 있으니, 결국엔 이 또한 감사한 일이다.

돈은 실제로 있다가도 없어질 수 있고, 없다가도 생기는 것 아닌가. 앞으로도 내게 어떤 일들이 일어날지 모르지만,

돈 때문에 너무 크게 상심하지도 너무 크게 불안하거나 슬퍼하지도, 너무 기뻐하지도 않길 바란다. 그저 내가 할 수 있는 것은 삶의 흐름에 맡긴 채, 그때그때의 상황을 마주하며 배워 나가는 것뿐이란 생각이다.

내가 생각하는 돈은 수치스러운 삶을 피하고, 최소한의 의식주를 해결하고, 행복한 경험을 하기 위해 필요한 것이다. 이 정도 해결할 수 있는 상황이라면 일단 감사한 상황이 분명하다. 이 감사한 마음을 기본으로 더 행복한 경험을 위한 선택의 폭을 넓히기 위해 저축이나, 추가 수입을 늘리는 노력을 하나씩 더해가자.

간단하지 않은가! 고민한다고 되는 것도 아니고, 계획대로 딱딱 이뤄지는 것도 아니다. 어려운 상황이 될 때를 대비해 최소한의 돈으로 생활할 수 있는 내공을 쌓는 것은 상황이 바뀔 때 멘탈을 유지하고, 이를 발판 삼아 다시 튀어 오르는 데 도움이 될 것이다. 그렇게 지내다 보면 점점 더 나은 경제적 상황이 쫓아올 것이라 믿는다.

이상! 돈에 대해 별의별 시도와 노력을 해 온 15년 차 재테크 강사 소사장소피아의 돈에 대한 견해였다.

성장은 계단, 꿈은 징검다리

　기술이나 지식 습득은 계단식으로 진행된다고 한다. 배움이 노력한 만큼 선형식으로 비례하며 늘지 않고, 계단식으로 성장한다는 것인데, 일정 시간 변화가 없다가 갑자기 한 계단이 올라가고, 다시 또 늘지 않는 것 같다가 갑자기 성장한다는 의미다.

　나 역시 이것을 많이 경험했다. 언어를 배울 때도 그랬고, 수영을 배우는 요즘도 자주 체감한다. 늘 버겁고, 어렵고, 도통 늘지 않는다고 생각하는 순간, 갑자기 전에 안 되던 동작이 되는 경험을 한다. 물 잡기의 느낌, 팔배를 늘려 손을 쭉 뻗어 물살을 가르며 나가는 느낌을 갑자기 깨닫게 된다. 몇 달 내내 되지 않았던 동작이 어느 날, 갑자기 되는 것이다.

모든 배움은 이처럼 계단식으로 성장한다. 그렇기 때문에 성장이 멈춘 것 같은 평지의 순간에서도 배움을 멈추지 않아야 한다. 그 변화 없는 지루한 시간을 버텨 내는 것이 중요하다. 그렇게 평지를 걷다 보면 결국 계단을 올라가는 느낌이 드는 성장 점프의 날을 만나게 된다.

성장이 계단과 같다면 꿈은 징검다리와 같다. 우리 삶 앞에는 띄엄띄엄 징검다리가 놓여 있다. 우리는 앞에 놓여 있는 돌을 밟으며 나가고 있는데, 앞의 돌을 밟아야 다음 돌을 밟을 수 있다. 한번에 다음 돌로 뛰기란 참 힘이 들고, 거의 불가능하다. 즉, 어떤 경험을 해야 다음 경험으로 이어지게 되고, 앞의 꿈을 이뤄야 다음 꿈으로 건너갈 수 있다.

지금까지 내 꿈의 징검다리

집안 경제 상황이 어려워졌던 경험으로 → 재테크에 관심을 가지게 됨 → 대학에서 금융학과를 선택 → 그 덕에 은행원이 될 수 있었음 → 은행 경험으로 재테크 책을 집필함

유학생활을 하다 사스(SARS)가 터져 통역 아르바이트가 끊김 → 생활비를 벌기 위한 다른 방법으로 온라인에서 물건을 팔기 시작 → 추후 웨딩 사업하는데 큰 도움이 됨

전세로 신혼 생활을 시작 → 아이가 시끄럽다고 집주인에게 쫓겨남 → 집을 사기로 결심 → 돈이 없어 경매를 공부함 → 저렴하게 내 집 마련에 성공 → 타인에게 경매를 추천하기 시작 → 유튜브에서도 경매 추천 → 선생님을 초빙해 경매 수업 진행 → 코로나19로 인하여 수강 인원이 줄어 폐강을 반복 → 나를 보고 신청한 사람들에게 죄송한 마음이 커짐(수업 진행 결정권이 나에게 없다는 것에 답답함을 느낌) → 내가 직접 수업을 준비함 → 온라인으로 경매 수업을 진행 → 경매 책 출간

내가 지금껏 해온 과정들을 돌아보면 이전의 경험이 다음으로 이어지고, 또 다음으로 자연스럽게 이어졌음을 알게 된다. 모든 것이 물이 흐르는 흐름과 같다.

하나의 징검다리를 밟으면 다음 징검다리가 보이고, 새로운 아이디어가 생기고, 다음 생각으로 이어지거나 확장된다. 그렇게 한 걸음씩 징검다리를 밟아 가다 보면 어느새 꽤 멀리 와 있게 된다.

그래서 막연한 꿈이 있더라도 이를 가슴에는 품되, 지금은 눈앞에 징검다리부터 하나 건너는 것을 목표로 해야 한다. 이 생각을 해야 그제야 그다음 생각으로 이어질 수 있다. 한 번에 대박의 아이디어는 나오지 않는다. 징검다리같이 생긴 생각과 경험들이 계속 연결되어서 어쩌다 대박을 만나게 될 수 있다고 믿는다. 먼저 하나의 징검다리를 밟고 서

면 눈앞에 보이는 장면이 조금 바뀐다. 한 걸음을 내디딘 후에야 조금 다른 견해, 아이디어를 가질 수 있다. 때론 눈앞의 징검다리가 보잘것없어 보일 수도 있다.

하지만 그 하나를 최선을 다해 경험할 때 다음 징검다리가 자연스럽게 내 앞에 놓일 것이다. 그렇게 하나씩 밟아 나가면 된다. 그렇게 하면 목표를 떠올릴 때의 조급함을 조금 내려놓을 수 있다.

마흔이 되어서 새롭게 생긴 바람

 이 글은 예전 내 책에도 소개한 적이 있는 사례다. 은행원 시절 저축왕인 고객이 있었다. 그 당시 20대 후반의 여성으로 나와 비슷한 또래였다. 그녀는 항상 월급을 받자마자 예금과 적금을 붓고, 남은 돈을 쪼개 생활하는 방식으로 돈을 모았는데, 그 모습이 참 답답하고 느려 보였다.

 그에 비해 나는 새로운 펀드 상품을 모조리 공부하고 있었고, 항상 주식이나 경제 기사를 보면서 다양한 펀드, 주식 상품에 돈을 넣다 뺐다 했다. 투자한 돈이 한 달 만에 두 배가 된 어느 날, 그녀에게 이 상품에 가입해 보라고 권유했다. 두 배의 수익률을 거둔 내 통장 이야기를 하면서 말이다. 그럼에도 그녀는 4퍼센트의 금리 예금 통장만 고집했다.

결과는 어떻게 됐을까? 코스피 지수가 떨어지자, 내가 투자했던 펀드와 주식에 넣었던 돈은 반토막이 되어 버렸다. 그동안 아끼고 아껴서 넣은 돈이 이런 식으로 한순간에 사라지는 것을 눈으로 확인하자, 절약의 의지까지 확 꺾여 버린 건 덤이었다.

그런데 그녀의 저축은 어느새 1억 원의 목돈이 되어 있었다. 1억이라는 숫자를 내 눈으로 직접 확인한 순간, 그녀가 맞았고 내가 틀렸음을, 그녀가 빠른 길이었고, 내가 느린 길이었음을 절실히 깨달았다! 그리고 이 방식은 그 후로도 또 다른 저축왕들에게서 반복적으로 확인할 수 있었다.

지금도 나는 본능적으로 빠른 지름길을 찾으려고 하지만 이제는 본능을 억누르고, 느려 보여도 방향이 맞는 길을 택하고, 인내심을 가지려고 노력한다. 그래서 나는 다음과 같은 세 가지 선택과 행동을 한다.

첫째, 유튜브를 할 때 과장하지 않고 진실되게 만든다.

조회수를 늘릴 수 있는 어그로(상대방을 도발하여 관심을 끄는 행위)를 택하지 않고, 과장하지 않는다. 속이지 않고 진실하게 하는 일이 결국 제대로 된 방법이고 옳은 일이다. 타인을 흉내 내거나 비교하지 않고, 내 주관을 갖고, 내 할 것을 한다. 이젠 알고리즘을 분석하지도 않고, 조회수가 잘 나올 만한 주제를 고민하지 않는다. 그냥 내가 하고 싶은 이야기를 하고, 나 자신을 표현하는 데 더 중점을 두고 운영하고 있다.

둘째, 책을 쓴다.

책은 이제 노동 투입 대비 큰 수익을 기대하기 어려워졌다. 이미 자신의 인지도가 만들어져 있다면 책을 통한 브랜딩 효과보다는 다른 SNS나 유튜브 활동을 하는 것이 노력 대비 더 효과적일 수 있다. 상황이 이렇다 보니, 이젠 내게 책을 쓰는 것이 투입 대비 가성비가 떨어지는 일이 되어 버렸다. 그래서 한동안 책은 그만 쓰기로 마음먹었다. 그러다가 다시 책을 써야겠다고 결심한 계기가 있었다. 책 자체의 가치와 노동의 가치에 대해 다시 생각하게 된 것이다. 가성비와 효율만 쫓아 사는 삶에 반기를 들고 싶었다.

글을 쓰는 과정의 기쁨이 떠올랐고 그 과정이 소중하고, 또한 힘든 인내의 시간을 보내면서 노동의 숭고함을 다시 느끼고 싶었다. 삶의 과정에서 꼭 필요한 일이라는 생각이 들었다. 느린 길이 사실 빠르다는 전제를 떠올려 보면서 느린 길로 보이는 책을, 나는 다시 꼭 가지고 가야 하는 길 중 하나라고 생각했다. 물론 출간한 후 마주하게 되는 독자들의 소감과 후기들의 중독을 끊을 수 없었다.

셋째, 효율을 따지지 않고 새로운 도전을 시작한다.

책을 읽는 사람들이 점점 줄어들고, 책이 팔리지 않는 이 시기에 출판사를 만들었다. 나는 이미 창업부터 폐업까지 경험을 해봤기에 창업에 대한 로망이 있는 사람도 아니고, 손익계산을 할 줄 몰라서 무모하게 도전할 수 있는 그런 순수한 나이도 아니다. 오히려 계산을 너무 잘해서, 미래의 상황이 보여 그동안 하려다가 시작도 하지 않고 포기한 것들이 훨씬 많다. 그런데 어느 날, 경험치가 있다는 것은 실수를 줄이고 더 성공할 확률이 높은 것을 택할 수 있게 해주어 좋은 것으로 생각했는데, 이게 오히려 도전을 못 하게 가로막는다는 것을 깨달았다. 그렇다면 이런 식으로 하다가는 앞으로 어떤 도전도 할 수 없을 것이란 두려움이 생겼다.

그렇게 생각하는 나를 바꾸고 싶었다. 분명히 그 안에 들어가면 내가 몰랐던 것이 있을 것이다. 지금은 도저히 생각하지 못하는 새로운 성공 가능성을 본다거나, 경험을 쌓다 보면 그제야 보이는 것이 있을 게 분명했다. 15년 넘게 작가로서 여러 출판사와 연을 맺어 왔지만, 정작 원고를 넘긴 뒤의 과정에 대해서는 아는 게 하나도 없어서 충격이었다. 그래서 출판사를 만들어 직접 책을 출간하는 모든 과정을 경험해 보기로 결심했다. 첫 번째 책은 직접 번역해서 출간해 보기로 했다. 내가 인상 깊게 읽었던 중국의 책 한 권을 한국에 소개하기 위한 번역 작업을 하고 있다. 이렇게 또 하나의 새로운 도전을 시작했다. (사실 지금도 이걸 왜 시작했을까 백만 번 넘게 후회를 하고 있지만….)

올해는 느린 길을 좀 많이 가보려고 노력하고 있다. 모두가 빠른 길을 쫓고 있는 극 효율의 세상에서 남들과 다른 선택을 해보고 있다. 물론 그 길이 결국엔 더 빠를 수도 있지 않을까 하는 소망과 멀리 보면 이런 선택이 더 나은 나를 만들어 줄 수 있다는 믿음을 갖고 있다. 이것만 생각하고 현재에 집중하려고 한다.

결과를 고대하면서 빠른 성공을 바란다면 이 고된 과정을 참아낼 수 없다. 나의 본성을 설득하고, 달래면서 가야 한다. 나는 앞으로 더 인내심 있고, 멀리 보면서 묵묵히 나갈 수 있는 그런 태도를 내 안에 탑재하고 싶다. 마흔이 되어서 새롭게 생긴 바람이다. 그렇게 좋은 습관과 바른 생각을 갖고 하루하루를 지내다 보면 나는 멋진 사람이 될 수 있지 않을까? 또 그 과정 중에 큰 성공을 만날 지도 모르는 것 아닌가!

그렇게 오늘도 서두르지 않고, 묵묵하게 하루의 작업량을 끝마쳤다. 기꺼이!

운아 내게로 와~!

현재 가장 유명한 프로야구 선수는 단연 오타니 쇼헤이일 것이다. 최고의 연봉을 자랑하는 오타니 쇼헤이 선수는 실력뿐만 아니라 훌륭한 인성까지 완벽한 사람이라는 찬사를 받고 있는 야구 선수이다. 그리고 그가 고등학교 1학년 때 작성했다는 만드라트 또한 매우 유명하다. 만드라트는 목표를 이루기 위해 필요한 작은 목표를 적고, 또 이를 위한 방법들을 고안해서 9칸으로 만드는 방법이다.

그의 만드라트의 내용 중 '운'의 영역이 있는 것이 재미있다. 연습과 노력도 당연히 필요하지만, 자신이 목표한 것을 이루기 위해서는 운도 중요하다는 것을 오타니는 일찍이 알고 있었다.

〈오타니 선수의 만다라트 계획표〉

몸 관리	영양제 먹기	FSQ 90kg	인스텝 개선	몸통 강화	축을 흔들리지 않기	각도를 만든다	위에서부터 공을 던진다	손목 강화
유연성	몸 만들기	RSQ 130kg	릴리즈 포인트 안정	제구	불안정함을 없애기	힘 모으기	구위	하반신 주도
스태미너	가동역	저녁 7수저(7득) 아침 3수저	하체 강화	몸을 열지 않기	멘탈 컨트롤하기	볼을 앞에서 릴리즈	회전수 증가	가동력
뚜렷한 목표·목적	일희일비 하지 않기	머리는 차갑게 심장은 뜨겁게	몸 만들기	제구	구위	축을 돌리기	하체 강화	체중 증가
핀치에 강하게	멘탈	분위기에 휩쓸리지 않기	멘탈	8구단 드래프트 1순위	스피드 160km/h	몸통 강화	스피드 160km/h	어깨 주변 강화
마음의 파도를 안 만들기	승리에 대한 집념	동료를 배려하는 마음	인간성	운	변화구	가동력	라이너 캐치볼	피칭 늘리기
감성	사랑받는 사람	계획성	인사하기	쓰레기 줍기	부실 청소	카운트볼 늘리기	포크볼 완성	슬라이더 구위
배려	인간성	감사	물건을 소중히 쓰자	운	심판을 대하는 태도	늦게 낙차있는 커브	변화구	좌타자 결정구
예의	신뢰받는 사람	지속력	긍정적 사고	응원받는 사람	책 읽기	직구와 같은 폼으로 던지기	스트라이크 볼을 던질 때 제구	거리를 상상하기

운의 영역을 보면 인사를 하고, 청소하고, 쓰레기 줍기 등의 내용들이 담겨 있다. 오타니가 메이저리그 경기장에서 쓰레기를 주워 자신의 주머니에 넣는 장면은 엄청 화제되었다. 10년 계약 금액이 9240억 원의 운동선수가 경기장에서 쓰레기를 줍는 일은 분명 흔치 않다. 오타니는 이런 사소한 선행이 자신의 운을 좋게 한다고 믿는 것이다. 이는 불교에

서 공덕을 쌓는 것과도 비슷해 보인다.

나는 경매를 하고, 경매 강의를 하기 때문에 경매 물건의 낙찰 결과를 자주 보는데, 결국 낙찰자가 결정되는 부분에서 운이 작용한다고 생각한다. 경매는 가장 높은 금액을 쓴 단 한 사람이 낙찰자가 되는데, 1등과 2등의 차이가 너무 근소한 경우가 많다. 몇 십만 원의 차이로 1등과 2등이 결정되는 것을 볼 때, 또는 서류가 빠져서 눈앞에서 낙찰을 놓치는 상황 등등 여러 경우를 보면서 이것은 실력이 아니라 운의 영역이라고 생각할 수밖에 없다.

모두 열심히 임장을 하고 시세와 수익률을 계산해서 입찰가를 작성한다. 여기에는 분명 노하우와 실력의 차이가 있겠지만, 몇 십만 원 혹은 몇 만 원의 차이로 2등이 되는 것을 실력이 부족해서라고 말할 수 있을까.

성공한 사람들의 이야기를 들어보면 하나같이 운이 좋았다고 이야기한다. 물론 실력을 갖추고 있었을 것이고, 기회를 잘 잡았을 가능성이 크다. 하지만, 마지막 결과까지 좋게 만들기 위해서는 운이 필요하다.

나도 좋은 일을 할 기회가 생기면 덕을 쌓을 기회, 운을 높이는 기회라고 여기고 기꺼이 즐거운 마음으로 하려고 한다. 그래서 종종 길바닥에 떨어져 있는 쓰레기를 줍기도 하는데, 오타니가 된 것처럼 빙의해서 줍는다. 경매를 가르친

후에도 1년이 지났든, 2년이 지났든 언제든 도움을 요청하면 무료로 상담해 준다. 경매 질문 단톡방도 운영하면서 무료로 경매 관련 질문에 답변한다. 내가 선뜻 나서서 선행을 쌓기가 쉽지 않은데, 나에게 도움을 요청하는 사람들이 있으니 참 감사한 일이라 생각한다.

결국 나 자신을 위해 덕을 쌓는다는 생각으로 시간을 내서 도움을 주는데, 나를 위한 선행에 상대는 또 고마워하고, 좋은 일을 한다며 칭찬도 듣는다. 이 얼마나 모두에게 좋은 일인가!

그렇게 작은 선행들이 쌓여 결국에 내게 좋은 운으로 돌아오면 좋겠다. 그게 안 된다면 내 자식들에게 그 운이 가길 바란다. 내가 지금 이렇게 무탈하게 삶을 살 수 있는 것도 엄마가 오랜 시간 성당에서 봉사활동을 해 온 덕분이 아닐까.

이젠 손해 안 보려고 딱 남들이 하는 만큼만 하거나, 내가 할 수 있는 일을 남에게 미룬다거나, 남보다 뭔가를 더 얻으려고 욕심낸 행동이 도리어 얼마나 손해 보는 일인지 안다. 손해 보지 않으려는 마음은 결국 좋은 운을 걷어차는 일이다.

연봉 수백억 원의 오타니도 쓰레기를 주우면서 운을 위해 노력한다는데, 우리도 열심히 해야 하지 않을까? 모든 노력을 기울이면서 운까지 노력하는 오타니의 간절한 마음이 느껴진다. 그 정도의 간절함이 있으니, 결국 하늘도 감동하여 그에게 좋은 운을 챙겨주는 것이 아닐까?

우리도 그런 간절함을 담아 덕을 쌓아 보자.

'운아~ 내게로 와!'

행복은 빈도수

개그우먼 장도연 씨가 이런 이야기를 했다.

"하루를 꽉 차게 살려면 어떻게 해야 하는가 생각하다 요즘에 깨달은 것이 있어요. 아침에 30~40분만 더 일찍 일어나는 거예요. 10분만 일찍 일어나도 일기를 쓸 수 있고, 책을 10분 읽어도 몇 페이지를 읽을 수 있더라고요. 그리고 10분이면 반신욕까지도 가능하고요. 이렇게 30분 일찍 일어나서 아침을 시작하면 오늘 남은 하루를 망쳐도 뭐 할 건 다 했으니 괜찮다는 생각이 들더라고요."

이 말을 듣는데, 무척 공감이 갔다. 나 역시 아침에 한 시간 정도 일찍 일어나서 원고를 한 편 쓰고, 수영 강습을 다녀오면 오전 11시쯤 되는데, 이렇게 오전을 보낸 날은 오후를 내리 침대에 누워있거나 뒹굴뒹굴하며 보내더라도, 그래도 오늘은 할 걸 했으니 괜찮다는 느낌이 들었다. 오전에 이렇게 중요한 두 가지를 마쳤으니, 오후까지 뭔가를 더 추가해서 했다면 그날은 더없이 뿌듯한 날이 된다.

결국 일상에서 작은 성공과 성취의 경험을 얼마나 많이 만들 수 있는지가 삶의 만족도와 행복에 영향을 준다는 사실을 알게 되었다.

소소하지만 확실한 행복을 뜻하는 '소확행'이라는 말을 다 알 것이다. 나는 처음 소확행이라는 말을 들었을 때 이 말을 그리 좋아하지 않았다. 타인과 비교하기 쉬운 세상에서 점점 높아지는 목표치를 이루기 위한 과정과 큰 성과, 그리고 성공을 통한 행복이 너무 어렵기 때문에 나오게 된 현대인들의 생존 방법이 아닌가 생각했다. '큰 꿈을 포기하고, 작은 것에 만족해라!' 하고 강제하는 것 같기도 했다. 그런데 이제는 소확행이 행복에서 '빈도'가 중요함을 알려주는 말이라는 생각이 든다.

성공도 마찬가지일 것이다. 작은 성공을 계속 성취해감으로써 큰 성공에 더 가까워질 수 있고, 성공과 성취의 빈도가 우리를 더 자신감 있고 행복하게 만든다. 그렇기 때문에 우리의 하루 중 성공의 빈도와 행복의 빈도를 많이 늘릴 수 있는 방법을 열심히 생각해 보는 것은 매우 중요한 일이다.

행복의 빈도를 늘린 나의 방법은 이렇다.

내가 하고 싶은 여러 가지를 먼저 나열해 본다. 그날 하루나 일주일, 또는 가까운 미래로 한정해서 해야 할 것들과 하고 싶은 것을 적는다.

예) 원고 쓰기, 유튜브, 블로그 글 쓰기, 독서, 수영, 근육 운동, 청소, 반성 노트 쓰기, 감사 일기, 청소, 이불 빨래, 옷 정리…

보통 10분 이내에 끝나는 일부터 길어도 90분 안에 충분히 할 수 있는 일과 목표치를 쓰려고 한다. 너무 긴 시간이나 큰 노력이 필요한 목표는 하는 중간에 포기할 수도 있고, 성취의 기분을 느끼기 어렵다. 각 항목별로 대략의 예상 소요 시간도 생각해 본다.

일	내용	예상 소요 시간
원고 쓰기	2500자, 한 꼭지	1시간 30분
독서	『책 제목』	20분
수영	화·목반 수업 빠지지 말기	1시간 30분
청소	바닥 청소 & 먼지떨이	30분
반성 노트	매일 쓰기	20분
감사 노트	오늘의 감사한 것 세 가지	5분
스트레칭		10분
복근 운동	유튜브 복근 운동 영상 따라 하기	10분

나의 루틴에 자주 등장하는 것 중 일부이다. 이것을 매일 하는 것은 아니고, 일주일에 몇 번 하는 것도 있고, 매일 조금씩 하는 것도 있다. 이것들을 돌려가며 선택해서 한다. 여기에서 중요한 것은 내가 '충분히' 할 수 있는 리스트와 결과가 아닌 과정에서 성공에 집중하는 것이다.

　나의 경우 어떤 날은 위에 내용 중 하나만 완료하기도 하고, 어떤 날은 상당수를 성공해 내기도 한다. 작은 무언가 했을 때 성취가 주는 행복감이 분명히 있다. 어제보다 한 발 더 내딛고, 또는 오늘도 꾸준히 했다는 그 사실이 나 자신을 더 멋지게 바라봐 주도록 만든다. 성취의 경험들, 즉 빈도가 많아지니 삶의 만족도가 높아지는 것을 느꼈다.

　어느 날, 중학교 옆을 지나가는데 여중생들이 까르르하면서 이야기를 나누며 웃는 모습을 보았다. 우리에게도 별거 아닌 것에도 까르르 웃을 수 있었던 그 시절이 있었다.

　그런데 이젠 나를 웃음 짓게 하는 것, 나를 행복하게 하는 것의 허들이 너무 높아진 느낌이다. 이를 자각하고 나이를 먹을수록 행복을 위한 연습과 방법, 노력이 필요하다고 생각한다. 이제 보니, 웃음과 행복의 허들이 낮은 사람, 하루에서 성취의 만족감을 느끼는 빈도가 많은 사람이 행복한 사람이더라.

　점점 감흥이 없어지고, 웃음이 줄어들고 있음을 느낀다.

그래서 더 노력해야겠다는 생각이 들었다. 내가 행복할 수 있는 소재, 작은 성취를 느낄 수 있는 일의 가짓수를 늘려 나가려고 한다. 다른 종류의 재미있는 운동도 계속 도전해 보고 싶고, 독서나 반성 노트 같은 것은 조금씩 질적인 면에서 발전하고 싶다. 지루한 집안일이나 업무 부분은 더 세분화시키고, 단순화시켜서 그 안에서 성취감을 더 느낄 수 있도록 만들고자 한다.

물론 목표 중에는 노력과 시간을 오랫동안 기울어야 하는 것들도 있다. 이런 목표도 성취의 빈도를 높이는 방법이 추가되면 좋다. 긴 목표를 성취하기 위해 필요한 하루 일정을 쪼개서 만드는 것이 도움된다. 그렇게 하루의 일을 해냈을 때마다 그 성공을 스스로 치하하고, 그 과정에서 행복감을 느끼는 것이다.

결국 행복과 성공은 결과에서 오는 것이 아닌 과정의 성취감, 만족감, 빈도수에서 온다. 빈도를 위한 노력과 연습을 통해 행복의 허들이 낮추고, 행복 앞에 까다롭지 않은 사람이 되는 것, 그것이 나의 바람이다.

"우리는 모두 우리가 꿈꾸었던 삶을 살고 있고,
오늘은 그 과정 중에 있다."

Part 4

몸과 마음

"당신의 노력을 존중하세요.
당신 스스로를 존중하세요.
자존감은 자제력을 낳습니다.
이 둘을 모두 겸비한다면,
진정한 힘을 갖게 됩니다."
— 클린트 이스트우드

명품백보다 근육

나의 엄마는 살집이 좀 있는 편인데, 예전부터 민소매를 거의 입지 않으셨다. 나는 여름에 더워 죽겠는데, 왜 민소매 대신 반팔만 입냐고 한 적이 많다. 그랬는데 이젠 나도 민소매를 입는 게 불편해졌다.

어느 날 민소매를 입고, 팔을 들었는데, 팔뚝 살이 덜렁거리는 게 느껴졌다. 세상에! 워낙 근육이 별로 없고 두부 같은 재질의 몸뚱이라 뛰면 다리가 덜렁거리는 게 느껴졌는데, 이젠 뱃살, 팔뚝까지 덜렁거리다니… 온몸이 두부가 되었다!

마흔이 넘어가니, 이제 부러운 것은 온몸을 휘감은 고급스러운 옷과 명품백이 아니다. 멋진 옷은 오히려 비루한 몸뚱이를 숨기기 위한 갑옷이 아닐까 하는 생각이 들 정도다. 내가 건강하고 탄탄한 몸을 갖고 있다면 옷으로 꽁꽁 싸매지 않을 것이다. 오히려 천 조각이 부족해도 한참 부족해 보이는 옷, 가볍고 얇은 옷, 몸에 달라붙는 옷으로 옷장 서랍을 꽉꽉 채우지 않을까? 어릴 때의 노출은 예뻐 보이고 싶고, 이성에게 어필하고 싶은 목적이 컸다면 마흔이 넘은 사람의 노출은 그간 살아온 삶의 노력, 일상의 부지런함, 삶의 자세를 보여주는 것 같다.

이젠 가느다란 팔이 부럽지 않고, 야구공이 들어있는 것처럼 어깨가 살짝 봉긋하게 솟아오른 근육의 그림자가 있는 팔, 팔을 들어 올려도 덜렁거리지 않는 탄탄한 팔이 부럽다. 어릴 땐 가는 다리가 부러웠는데, 지금은 그렇지 않다. 종아리에 단단한 알이 박혀 있고, 허벅지 안쪽이 덜렁거리지 않고 딱 달라붙어 있는 단단하고 두께감도 있는 다리가 멋있어 보인다. 예전엔 그렇게 빼고 싶었던 불룩한 종아리 알이 이젠 너무 갖고 싶어지다니! 하이힐을 신었을 때 종아리 알이 딱 잡히고, 종아리부터 엉덩이까지 탄탄한 뒷모습! 얼마나 에너지 넘치고 멋지냔 말이다!

그런데 점차 두부로 변하고 있는 내 몸뚱이와 별걸 하지도 않았는데, 지쳐버리는 체력을 보면서 뭔가 운동을 시작해야 한다고 생각했다. 실내 테니스를 등록해보기도 하고,

헬스, 플라잉요가도 끊어 보았다. 20~30대 때는 퇴근한 몸을 이끌고 가서도 운동을 참 꾸준히 잘 했는데, 마흔이 되니 한 가지 운동에 마음을 붙이기가 결코 쉽지 않았다. 오랜만에 해 본 헬스는 역시나 최고로 지겨운 운동이었다. 매일 세상과도 고군분투 중인데, 여기까지 와서 매일 나와의 싸움을 해야 하는 게 고통이었다.

전부 실패하고 마지막으로 선택한 것이 수영이었다. 둘째가 초등학교에 입학하면서 학교에 데려다주고 있는데, 데려다주는 김에 같이 학교에 들어가서 수영하고 오는 루트를 짰다. (초등학교 안에 수영장이 있다.) 아이가 학교에 등교하는 한 나는 학교에 무조건 갈 것이고, 간 김에 수영을 하고 오면 되는 것이다. 의지박약인 내가 빠져나갈 수 없도록 강제성을 만들어 놓았다. 그랬더니 정말 빠지지 않고 다니게 되었다. 지금 아이가 2학년 2학기이니, 벌써 수영을 배운 지 나도 2년이 다 되간다.

수영장에 가니, 20세부터 80대까지 다양한 연령의 사람들이 있었다. 샤워실에 가면 나이별로 몸의 차이를 확연히 느낄 수 있다. 확실히 젊은 사람들의 몸이 매끄럽고 탄력이 있다. 나이가 들면 피부가 축축 처져 있고, 근육이 많이 빠져 있는 모습이다. 80대 어르신들을 보면 정말 다리가 다들 가늘다.

그런데 사람 몸의 모습이 꼭 나이에 비례하는 것만도 아니었다. 수영장에는 나름의 실력별로 순서가 정해져 레인을 도는데, 난 어찌저찌 상급반에 올라왔지만, 여기에서 제일 실력이 떨어지는 꼴찌라 마지막으로 줄을 서서 돈다. 우리 반 앞쪽 서너 번째로 서는 분이 68세의 어르신이다. 외모는 개그맨 김미화 씨와 비슷하고, 작은 체구에 백발의 쇼트커트의 머리가 무척 야무진 모습이다. 난 매번 수영할 때마다 여긴 어디이고, 나는 누구인지 정신이 없고, 얼굴과 폐가 터질 것처럼 발갛고, 숨이 차며 참 힘들게 느껴진다.

그런데 그 어르신은 얼굴 표정 하나 바뀌지 않고 멋진 폼으로 수영을 한다. 정말 대단하다. 그 어르신의 몸은 다른 비슷한 연령대의 분들과 비교해 피부 늘어짐도 거의 없고, 근육도 탄탄한 게 느껴진다. 그 어르신을 볼 때마다 일찍 운동을 시작해 오래 꾸준히 하는 것이 중요하다는 것을 샤워할 때마다 느끼곤 한다.

인스타그램을 살펴보면 더 많은 몸짱 아줌마, 할머니, 할아버지들이 있다. 나보다 나이가 더 많은데도 어찌나 다들 근육이 대단한지…! 그들은 달리는 사람, 바벨을 드는 사람, 자전거를 타는 사람, 바닷속에 들어가는 사람… 모두 하나같이 즐기는 운동이 있고, 몸은 나이와 무관하게 탄탄하다. 그들을 보면 참 멋지고, 부럽다. 정말이지 명품백보다 훨씬 부럽다. 그들의 삶과 나이, 몸을 보면서 나도 희망도 생긴다. 겁 많고 운동 신경도 별로 없는 나지만, 지금부터 계속하면 나도 더 탄탄해지고, 할머니가 됐을 때까지도 수영복을 입고 바닷가에서 수영할 수 있을 것이란 희망이 생긴다.

명품백을 모으는 것보다 근육을 모아야 한다. 명품백은 돈으로 나중에도 살 수 있지만, 근육은 나중에 돈으로도 살 수 없다! 에르메스가 갖고 싶어도 가질 수 없는 마케팅으로 유명한데, 진짜 갖고 싶어도 쉽게 가질 수 없는 것은 '근육'이다! 70세 친구들의 모임에서 온몸을 명품으로 휘감고 나온 사람이 부러울까? 꼿꼿한 자세에 탄탄한 근육을 자랑하는 사람이 부러울까? 단연코 후자일 것이다.

근육적금

　자, 이제 명품백보다 근육이 더 구하기 어렵고, 갖기 어렵고, 가치가 있다는 것을 깨달았다면 이제 근육적금에 가입해 보자. 전직 은행원인 내가 이 놀라운 근육적금 상품을 친절히 소개해 주겠다.

　"안녕하세요. 고객님, 이 근육적금을 적극 추천합니다. 이 상품은 누구나 가입하실 수 있고요. 일찍 할수록 좋습니다. 일찍 가입할수록 더 빨리 쌓이고, 더 많이 모을 수 있거든요. 근육적금은 자유 적금방식으로 수시로 입금이 가능합니다. 일주일의 세 번 정도 입금하셔야 하는데요. 하루 10분도 가능하고, 30분도 좋습니다. 근육을 만들어 주는 어떤 행동도 다 저금하실 수 있어요. 유튜브 영상을 켜서 따라 한다거나, 계단을 오르거나, 윗몸일으키기를 하거나, 아령을 들거나, 어떤 것이든 괜찮습니다. 주의할 점은 고객님 몸에 너무 무리가 가면 안 되고, 아! 약간의 자극은 괜찮습니다. 충분히 지속할 만한 수준을 선택해 보세요. 근육적금의 만기일은 따로 없는 것이 특징인데요. 대신 수시 입금과 수시 출금이 가능합니다. 여름휴가 때처럼 수영복을 입어야 할 때나, 반바지나 민소매를 입을 때 출금하면 됩니다! 주의할 점 하나 더! 근육적금이 다른 적금과 가장 큰 차이점은 다른 적금은 돈을 넣어 놓으면 이자가 붙잖아요? 그런데 근육적금은 입금을 멈추면 저희가 이자를 뺏어 갑니다. (두둥!) 그래서 근육 잔고가 줄어들어요. 무섭죠? 겁주는 게 아니라, 정말 사실입니다. 이걸 막고, 이자를 불리는 방법은 적금을 꾸준히 하는 것입니다! "

꾸준히 적금을 들 듯 내 몸에 근육을 적금해 나가보자. 시작할 때는 양보다 꾸준히 지속할 수 있는 정도가 더 중요하다. 저축을 해 본 사람이라면 저축의 포인트가 '빨리 시작하는 것'과 '꾸준함'이라는 사실을 잘 알고 있을 것이다.

근육적금도 빨리 가입하는 사람이 승자이고, 꾸준하게 붓는 것이 큰 수확을 얻는 것의 포인트다. 이를 기억하고 우리 모두 열심히 근육적금 부어, 죽을 때까지 근육부자로 살아 보자!

게으른 내가 운동하는 법

나이 들면 쭉쭉 빠져나가는 것은 비단 돈뿐만은 아니다. 돈보다 더 알게 모르게 빠지는 것이 바로 '근육'이다. 이 근육이라는 게 빠지는 건 금방인데, 만들고 유지하는 건 결코 쉽지 않다.

20대 때는 보기에 예쁜 몸매를 만들기 위해 과도하게 체중을 감량하고, 무리하게 운동을 하기도 하지만, 40대가 넘어서는 운동도 조심히 선택하고, 천천히 해 나가야 한다. 함부로 심한 운동을 하거나, 조금만 무리해도 병원에 가서 물리치료 받는데 시간과 돈을 더 많이 쓰게 될 수도 있기 때문이다.

만약 운동하다가 다치거나 무리를 하게 되면 일상에서 해야 할 일을 못 하게 되고, 그러면 더 큰 문제가 발생한다. 주어진 역할이 많고, 일상에서 해야 할 일들도 너무 많지 않은가! 엄마가 아프다는 것은 가정의 많은 일상이 멈춘다는 것을 의미한다. 게다가 40대가 넘어가니 정말로 시간이 없다. 그래서 운동이 또 다른 것들에 우선순위가 미뤄지게 되고, 운동을 하게 되더라도 일상에 부담을 주지 않는 선에서 택할 수밖에 없다. 이런 상황이 안타깝기도 하지만, 내가 선택한 삶이니 한탄보다는 이 안에서 지혜롭게 선택하는 쪽으로 택해 보는 게 나을 것이다.

나는 책도 몇 권 내고, 유튜브도 하면서 결과물들이 노출되다 보니 구독자와 독자들은 나를 무척 부지런하고 계획적인 사람이라고 생각하는 경향이 많다. 그런데 나를 잘 아는 나의 부모님과 남편은 나를 게으른 사람이라고 말한다. 그럼 어느 게 맞을까?

당연히 나를 진짜 아는 사람들이 하는 말이 맞을 것이다. 나는 게으르기도 하고 또 굉장히 즉흥적이다. 이것을 하다 바로 그만두고, 또 저것을 시작한다. 그러다 보니 뭔가를 꾸준히 하는 것을 잘하지 못한다. 그럼에도 내가 책을 계속 출간하고, 운동도 지속할 수 있는 건 나름의 꼼수가 생겼기 때문이다. 이 방법은 누구에게나 적용 가능하고, 내가 수년간 성공한 방법이니 분명 효과가 있을 것이다.

　그것은 무조건 할 수밖에 없는 상황을 만드는 것이다. 앞서 여러 운동을 시도해 봤지만, 다 실패하고, 아이 초등학교 안에 있는 수영장에 아이 등교를 시키는 길에 가면서부터 지속할 수 있었다고 말했다. 수영 강습 시간도 등교 시간에 맞춰 9시에 시작된다. 그리고 화요일과 목요일 이렇게 일주일에 이틀만 배우는데, 크게 부담되지 않은 수준으로 시작하는 것이 지속할 수 있게 만드는 중요한 팁이다.

　만약 매일 가야 했다면 더 빨리 지쳐 나가떨어졌을지도 모른다. 실제로 목표를 지속하기 위해서는 자신의 수준에 알맞게 적당하거나, 오히려 조금 쉽게 설정하는 게 도움이 된다고 한다. 그렇게 하면 해낼 가능성이 높으니 성취감도 느낄 수 있고 더 지속할 확률이 높아진다고 한다.

　수영 루틴처럼 다른 목표도 이렇게 만드는 게 나의 꼼수다. 나의 또 다른 루틴 중 하나는 자전거 타기인데, 사무실을 집에서 자전거를 타고 10분 거리의 위치에 마련해서 자전거도 자주 탄다. 이 거리는 버스를 타면 30분이 걸리는 데 반해 자전거를 타면 10분 만에 도착할 수 있다. 당연히 버스보다 자전거를 택하게 되고, 사무실에 한 번 다녀오면 최소 20분 정도 자전거를 타게 된다. 나는 따릉이(서울시 자전거)를 이용하는데, 잃어버릴 염려도 없고 자유롭게 세울 수 있고,

내가 필요할 때마다 쓸 수 있어서 정말 좋다. 반년에 2만 원 정도로 가격도 무척 저렴하다. 가끔 홍대나 신촌에 미팅이 있을 때도 따릉이를 타고 가고, 한강에 가서 잔디에 앉았다 오기도 한다. 무엇보다 걸어가기에 부담스러운 거리도 자전 거로는 충분히 다녀올 만하고, 자전거를 타면서 느끼는 얼 굴에 부딪히는 바람과 햇살의 느낌이 나를 더 행복하게 만 든다. 이렇게 추가적인 운동 루틴도 있다.

책 쓰기도 마찬가지다. 일단 계약에 의한 마감 기한의 효 과와 편집자의 압박, 나의 원고를 기다리고 있는 독자들에 대한 미안함 같은 것들이 강제성을 주어 원고 쓰기를 지속 하게 만든다.

아이 등굣길에 자연스럽게 갈 수밖에 없는 수영장 루틴을 만든 후, 2년 가까이 수영을 지속할 수 있었다. 나의 의지력 을 믿지 않고, 게으름을 인정하는 것이다. 그래서 나의 의지 력이 아닌 강제성의 루틴을 그저 따르고 있다.

내가 아는 지인의 성공한 루틴은 아침 출근하기 전 헬스 장에 가기다. 운동하기 위해 가는 게 아니라 출근하려면 씻 어야 하니까, 씻으러 간다고 생각하고 아침에 일어나서 바 로 헬스장에 가는 것이다. 운동하기 싫어도 일단 헬스장에 도착하면 온 김에 조금이라도 운동을 하게 되고 결국 운동 까지 성공하게 된다. 이 사람 역시 퇴근 후 운동, 주말 운동,

여러 가지를 시도해 보았지만 지속할 수 없었는데, 이렇게 출근 준비를 헬스장에서 하는 방식을 만들고 나서는 성공했다고 한다.

스스로 충분히 할 수 있는 수준으로, 즐거움을 느낄 수 있다면 더 좋다. 어쩔 수 없이 할 수밖에 없는 시스템을 만드는 것! 그것이 게으른 내가 운동하고 일을 해내는 방식이다.

나도 철인이 될 수 있을까?

나는 올림픽 경기를 보는 것을 어릴 적부터 좋아했다. 특히 달리기나 수영 같은 인간의 원초적인 능력을 볼 수 있는 경기를 좋아한다. 2024 파리올림픽도 우리나라 선수들이 나온 경기는 물론이고 달리기, 수영 등 많은 경기를 챙겨보았다. 내가 하도 올림픽 경기를 보니, 남편이 묻는다.

"왜 이렇게 올림픽을 좋아하는 거야?"

그러게. 난 왜 그렇게 올림픽을 좋아하는 걸까? 생각해 보니, 경기를 하며 이기려고 온 힘을 다해 노력하는 선수들의 표정이 너무 좋다. 거짓 없이 순수한 모습, 원하는 승리를 거두어 메달을 따는 선수들의 기뻐하는 모습, 패배하여 아쉬워하고 슬퍼하는 선수들의 모습, 결과에 따라 시시각각 솔직하게 보여지는 그들의 모습을 보면 얼마나 진실한가! 가식적인 모습, 과장된 표정이 가득한 요즘 콘텐츠들 사이에서는 더더욱 희귀해서 소중하게 느껴진다.

선수들을 보면 '나는 무언가에 이토록 절실하게 바라고, 노력해 본 적이 있던가' 하는 생각이 든다. 단 하나에 몰입하여 수년, 또는 평생 동안 한 눈 안 팔고, 온 마음을 쏟아 노력해 온 그들의 집중력과 일관됨이 존경스럽다. 또 한 편으로 궁금하기도 하다. 무언가를 이토록 단 하나를 절실하게 바라고 노력하는 것일까? 그것은 어떤 느낌일까?

물론 나도 어릴 적부터 많은 꿈과 목표, 바람이 있었지만, 그들처럼 삶의 대부분의 시간을 투입해서 몰입하며 준비한 꿈들은 아니었다. 게다가 이젠 현실의 상황을 바로 떠올리게 되고, 나의 시간과 여건, 체력부터 체크하게 된다. 확실히 20~30대 때와 비교해 열정이나 에너지가 줄어든 것 같다. 올림픽 참가자들을 보며 나의 절실함을 되돌아보았다.

이제 뭔가를 새로 꿈꾸기엔 늦은 나이가 아닐지 진지하게 생각하기도 한다. 지금 다시 공부를 시작해서 학위를 따기에도 쉽지 않고, 직업을 새롭게 선택해서 커리어를 쌓는 건 가능할까? 긍정의 답이 나오지 않는다. 40년 동안 나 자신과 살아오면서 스스로에 대한 이해도가 커졌다. 그간에 내가 해온 전적(?)이 있으니, 내가 새롭게 품는 꿈이나 바람에 대해 시작부터 그건 불가능하니 꿈도 꾸지 말라며 손절을 해버리는 경우도 많다. 이래저래 점점 도전이 힘들어진다.

그러다가 문득 한 번도 생각해 보지 않았던 새로운 바람이 떠올랐다. 수영을 2년 정도 하고 있다 보니, 내 유튜브와 인스타 알고리즘은 온통 수영 관련 내용들로 정복당했다. 화면을 켜면 온통 수영과 수영복 같은 영상들이다.

그중에는 수영뿐만 아니라, 가끔 프리다이빙, 철인 3종 경기 영상도 섞여서 추천으로 올라와서 보게 되었다. 그들을 보는 나의 표정은 존경의 눈빛 그 자체이다. 정말 나와는 아예 다른 수준의 엄청난 사람들, 철인!

그러다 갑자기 이런 생각이 들었다.

'나도 철인 3종 경기를 할 수 있을까?'

이 생각을 하고는 스스로 깜짝 놀랐다! 두부인 나와는 비교할 수 없는 단단한 몸, 수영 강습에 참여하면 준비 운동만 끝났을 뿐인데, 벌써 힘들다고 생각하는 나인데, 무한 체력의 신 같은 철인들의 운동을 보며 내가 감히 이런 생각을 하다니! 수영 상급반에 들어가더니, 진짜 실력이 상급이라도 된 줄 아는 것인지! 여러 가지 생각들이 한꺼번에 떠올랐다.

한편으로는 이런 생각을 감히 하는 내 모습이 그간 스스로가 많이 성장하고 자신감도 생긴 것 같아 대견하다는 생각도 살짝 들었다. 그러다 점차 용기가 생겼다. 그럴 만한 이유가 있다. 철인 3종 경기를 더 자세히 들여다보니, 나보다 훨씬 나이가 많은 60대, 70대 사람들이 눈에 많이 띄었다. 그들의 인터뷰 중에는 자신이 마흔에, 또 쉰이 넘어 시작했다는 사람도 있었다. 내 나이가 결코 늦지 않은 거라니! 용기가 생겼다.

찾아 보니, 철인 3종 경기의 맛보기로 초보자들도 시도해 볼 만한 체험식의 난이도가 낮은 시합들도 있었다. 특히 2023년에 처음으로 한강에서 개최되었던 '쉬엄쉬엄 한강 3종 축제'는 정말 나 같은 초보자도 구미가 당기는 내용이다.

철인 3종 경기의 겉모습은 빌려오되, 길이를 대폭 줄여서 수영, 달리기, 자전거를 말 그대로 쉬엄쉬엄 즐기면서 할 수 있게 만들어져 있었다. 수영은 길이도 짧았지만, 튜브, 구명조끼도 사용할 수 있으니, 수영을 못하는 사람도 참여 가능했고, 자전거는 무려 내가 항시 이용하는 따릉이를 타고 할 수도 있다. 세상에! 사이클은 무섭지만 따릉이는 진짜 자신 있는 나다! 이 정도면 겁쟁이인 나의 첫 번째 한강 수영 도전으로 딱 맞지 않나 싶다.

내년에는 나보다 수영을 더 잘하는 딸아이와 함께 이 축제부터 참여해 한강에서 수영을 해보고 싶다. 작은 바람이 하나 오랜만에 추가되었다. 맛보기로 우선 한강 맛을 경험해 보자!

어느 날, 친정에 가서 아빠한테 물어보았다.

"아빠, 나도 수영 더 열심히 배우면 철인 3종 경기 같은 거
　나갈 수 있을까?"

"그럼, 계속 연습하면 나갈 수 있지!"

나이도 많고, 겁도 많고, 더욱이 운동 신경도 없는 나에게
아빠는 너무나 당연하다는 듯 말씀하셨다. 마흔이 넘은 딸
자식인데, 아빠에게는 아직도 뭐든 가능한 딸인가 보다. 담
담하게 말해주니, 정말 별거 아닌 것 같은 착각이 들었다. 탄
탄한 근육의 몸매에 무한 심폐 능력을 갖춘 철인들의 모습
을 보면 여전히 나와는 단 한 개도 합집합 부분이 없는 전혀
다른 세상의 사람들로 느껴지지만, 지금은 조금 다른 느낌
이다. 나도 그들처럼 수영은 '꾸준히' 하고 있다는 합집합이
조금 생긴 기분이다.

　이렇게 하나씩 단계를 밟아 나가다 보면 나의 순두부 살
도 부침 두부 정도로 단단해지고, 또 쉬엄쉬엄 한강 축제로
한강을 조금씩 경험하다 보면 언젠가 바다도 건너며 진짜
철인 3종 경기에 참여하는, 그런 사람이 될 수 있지 않을까?

　사실 아직 상상하기 어려운 모습이지만, 그래도 정말 오
랜만에 새로운 꿈이 생긴 것 같아 가슴이 설렌다. 우선 내년
에 한강 물을 맛보는 것을 목표로 도전해 볼 것이다. 파이팅
이다.

마흔의 운동, 이제 붙어볼 만하다

　나는 학창 시절부터 운동을 참 못한다는 생각을 늘 갖고 있었다. 이 기억은 초등학교 1학년 때 뜀틀 수업에서 시작되었다. 반에서 두세 명만 뜀틀을 넘지 못했는데, 내가 그중 한 명이라 창피한 기억이 있다. 윗몸 일으키기는 단 한 개도 못 했고, 달리기도 반에서 뚱뚱한 친구만 이길 수 있었다. 윗몸 일으키기는 충격이 꽤 커서 집에 와서 문갑 밑에 발을 껴서 계속 연습해 결국 잘하게 된 기억이 있다.

　중고등학교 때 체육 성적이 성적에 영향을 미치게 되었고, 다른 친구들보다 훨씬 더 많은 노력을 기울여 겨우 중상위권의 성적을 받을 수 있었지만, 별 노력 없이 나보다 좋은 성적을 받는 타고난 운동 능력을 가진 아이들이 많았기 때문에 내가 운동 신경이 없다는 생각은 변하지 않았다.

운동에 처음으로 재미를 붙이고, 조금 자신감이 생긴 것은 대학 시절 학교 테니스동호회에 들어가면서 시작되었다. 주변의 권유에 못 이겨 시작한 테니스는 동작부터 배우기 때문에 운동 신경보다는 공부처럼 노력으로 쫓아갈 수 있었다. 열심히 강사의 말을 듣고, 반복하고 연습하니, 얼추 따라갈 수 있게 되었다. 그렇게 하다 보니 중간 정도는 하는 수준이었다. 조금씩 잘 한다는 칭찬도 듣게 되면서, 운동에 재미가 붙었다.

점점 운동에 자신감이 생기면서 대학에서의 체육 수업에서도 A를 받았다. 특히 중국 학생들과 탁구를 겨뤄 얻은 결과임을 떠올리면 정말 대단하지 않은가! 그렇게 내 삶에서 가장 열심히 즐겁게 운동을 하던 시절이었다.

대학 시절 꾸준히 운동을 한 덕분인지 은행원으로 직장에 들어갔을 때는 어느새 신입 직원들 사이에서 체력도 좋고, 운동도 잘하는 사람으로 소문나 있었다. 연수를 받으면서 합숙 생활을 할 때, 팀워크를 위한 체육 활동을 종종 했는데, 탁구, 발야구, 피구, 한라산 등반, 뭐든 괜찮게 잘하는 사람으로 보여 졌다. 사실 내 수준으로 잘한다는 소리를 듣는 것을 보며 속으로 생각했다.

'이 범생이들~, 대학 때 공부만 했네!'

어쨌건 가진 실력에 비해 화려한 찬사를 들어본 내 삶의 화려했던 운동의 시대가 끝나고, 30대가 되어 아이를 낳고 육아하며 운동을 거의 하지 못하게 되었다. 점점 몸은 엉망이 되었고, 체력은 바닥을 치고, 코로나19까지 겪으면서 그나마 급조해 만들어두었던 근육마저 어느새 모두 두부로 변해 버렸다.

마흔이 되고 이렇게 살다가 하고 싶은 것도 못하고 아파 죽을 것 같아 운동을 결심했다. 오랜만에 다시 시작한 운동은 역시 쉽지 않았다.

수영장에서도 타고난 운동 신경과 체력을 가진 사람은 단연 눈에 띄었고, 결코 내가 쫓아갈 수 없었다. 매번 저질 체력과 나의 운동 신경을 탓하며 그래도 결석만 하지 말고, 선생님 말씀 잘 듣고 해보자고 다짐했다.

그런데 시간이 흐르면서 하나, 둘씩 그만 두는 사람들이 생겨났다. 이중에는 쫓아가지 못해서 포기한 사람도 있고, 운동 신경도 좋고 잘 하더라도 자신의 맘처럼 빠르게 수영 실력이 늘지 않고, 자신보다 스무살은 더 많은 어르신들을 쫓아갈 수 없는 것에 현타가 오는지 그만두는 사람이 많았다. 자신만만하게 시작한 사람일수록 제 풀에 지쳐 나가떨어져 버렸다.

2년이 지난 지금, 같이 시작한 사람 중에 남은 사람은 나와 동기 한 명 뿐이다. 그래서 이제 새로운 관점이 하나 더 생겼다. 운동 신경이 없어도 마흔이 넘으니 얼마든지 다른 방법으로 붙어볼 만하다는 생각이 든다. 어릴 때는 운동 신경으로 격차가 나지만, 나이를 먹을수록 노력과 꾸준함이 중요한 요소가 된다는 것을 알았다.

마흔의 운동에서 이제 승부처는 운동 신경이나 체력이 아닌 꾸준함에서 나온다. 그러니 지금까지 운동을 하지 않았고, 운동 신경이 없어서 포기했던 사람이라고 하더라도 다른 관점으로 운동을 시작해 보길 바란다.

꾸준함이 승부처이고, 꾸준함은 얼마든지 계발 가능한 부분이다. 수영장에서 한 시간 동안 한 번도 쉬지 않고 수영을 하는 80대 어르신은 마흔이 넘어 수영을 처음 시작했고, 40년이 지났다고 한다.

그렇다면 나도 꾸준히 하면 나이 80세쯤 이 할머니처럼 되지 않을까. 우리 모두 꾸준히 해서 운동센터의 멋진 고인물이 되어 보자!

죽음에 대한 고찰

난 두 아이를 조산원에서 낳았다. 정말 집처럼 느껴지는 따뜻하고 아늑한 방에 누워, 불을 끈 어두운 상태에서 아이를 낳았다. 차디찬 의료기기가 없고, 환한 불빛이 없었던 곳에서 나는 가장 편할 수 있었고, 평온하게 아이를 낳을 수 있었다.

내가 병원 대신 조산원을 택한 이유는 병원에서 강압적인 느낌을 받았기 때문이다. 나 스스로 결정이 불가능한 을이 되어 수동적으로 따를 수밖에 없는 곳. 그런 곳은 두렵고 긴장되어서 싫었다. 그래서 내가 가장 편할 수 있는 곳, 주도적으로 출산할 수 있었던 조산원을 택했다. 나의 죽음도 그랬으면 좋겠다.

대부분의 한국인은 병원에서 태어나 병원에서 삶을 마감한다. 생명 연장을 위한 최대한 모든 방법을 동원하다가 결국 삶의 마지막을 준비하라는 통보를 받는다. 모든 과정은 수동적이다. 치료가 불가능한 병이거나, 몸을 스스로 가누기 어려워지면 요양원에 간다. 그곳에서 할 수 있는 것은 가끔 찾아오는 가족을 하염없이 기다리는 일이거나, 자신의 마지막 날을 기다리는 일뿐이다. 너무나 잔인하고, 무섭고 두려운 일이다.

죽음도 두렵지만, 그 사이 나의 의사와는 전혀 상관없이 진행되는 과정이 난 더 두렵다. 나는 진작부터 연명치료는 거부하겠노라 남편에게 말해 놓았고, 치료를 하게 될 경우 주도적으로 고민해서 선택할 생각이지만, 다만 걱정인 것은 치매에 걸려 스스로 의사 표현이 불가능한 경우이다. 그래서 치매에 걸려 의사 표현이 어려워질 때를 대비해 남편에게 미리 말해 두었다. 나는 꼭 집에서 죽고 싶다고 말이다.

집에서 죽음을 맞이하고 싶다는 내용의 책을 본 적이 있다. 유명 작가인 남편이 죽는 그 모든 과정을 아내가 곁에서 기록한 책이다. 청렴하고 소박한 삶을 사는 그들은 숲속으로 들어가 생활하고 있었는데, 남편이 죽음에 가까워지는 모습의 변화가 인상 깊었다. 먼저 점점 쇠약해져 하는 일의 범위가 줄었다. 매일 일하던 밭의 양이 줄었고, 쓸 수 있는 글의 양도 줄었다. 행동 반경이 줄어들었지만, 그래도 매일 아침 차를 내려서 마시고, 대화를 나눴다. 점차 먹고 마시는 양이 줄다가, 마지막에는 절식을 했고, 그렇게 자신의 침대에서 고요히 죽음을 맞이했다.

우리가 죽음을 표현할 때 숨이 끊긴다고 한다. 여자는 태어날 때 아기집을 갖고 태어나고, 평생 배출할 난소의 개수가 이미 정해져 있다고 한다. 그것을 다 배출하면 완경하는 것처럼 호흡 역시 이미 쉴 수 있는 횟수가 정해져 있다는 이야기가 있다. 나는 충분히 일리가 있다고 생각한다. 책에서도 마지막에 숨이 얕아지다 남은 호흡을 다 쉰 후, 마지막에 숨이 끊긴다는 표현이 정확하게 나온다.

장수를 하고 싶다면 깊은 숨을 쉬고, 호흡수를 줄이는 노력이 도움이 된다. 깊은 호흡을 연습하는 요가나 심폐 기능을 증가시키는 러닝이 큰 도움이 된다. 우리에게도 유명한 손기정 선수는 90세까지 살았고, 그를 다룬 영화인 〈1947 보스톤〉 속 등장하는 다른 두 명의 선수 모두 90세 가까이 장수했다(서윤복 선수는 94세, 남승룡 선수는 89세). 장수하는 동물들을 보면 호흡수가 매우 적다고 한다. 사람은 1분에 평균 심박수가 60~90번이라고 하는데, 대표적인 장수 동물인 거북이는 1분에 여섯 번의 맥박이 뛴다. 거북이의 호흡이 얼마나 느린지 알 수 있다.

나도 열심히 운동하고, 관리해서 병에 걸리지 않고, 내가 가진 숨을 다 쉬고 집에서 고요하게 죽었으면 좋겠다. 혹시 병에 걸리더라도 최대한 병원 치료는 적게 받을 것이다. (죽음 이후까지도 사실 더 자세한 내 생각이 있지만, 이를 보게 될 나의 지인이나 부모님이 계시니 여기까지만 하겠다.) 무엇보다 나의 마지막을 내가 주도적으로 선택하고 싶다. 그렇지 않으면 죽어서도 너무 화가 날 것 같다.

　사실 이렇게 죽음을 상상하는 것만으로도 가슴 한편이 먹먹하다. 죽음에 대해 생각하면 삶을 더 잘 살아야겠다고 마음먹게 된다. 하루를 더 소중하게 보내고, 더 웃고, 게으른 몸을 일으켜 운동을 나가고(거북이의 심박수를 향해 파이팅!), 아이들에게 더 충실하게 된다.

　무섭고 떠올리기 싫은 주제지만, 그럼에도 가끔 생각하려고 하는 이유다. 누구도 피할 수 없는 죽음이니까, 미리 생각해 두는 것은 꼭 필요한 일이다. 물론 생각한 대로 될지는 모르겠지만 말이다.

Part 5

행복

"행복의 한 쪽 문이 닫힐 때,
다른 한 쪽 문이 열립니다.
하지만 우리는 그 닫힌 문을
바라보느라 우리에게 열린
다른 문을 못 보곤 합니다."
— 헬렌 켈러

어떻게 살아야 할지 몰라 죽어 보다

어느 날, 남편이 죽어봤냐고 내게 물었다.

"뭘 어떻게 죽어봐. 이렇게 살아 있는데… 그러는 당신은 죽어 봤어?"

"난 죽었다 살아났지. 수능 끝나고 아르바이트를 했는데, 큰 하수관 안에서 드릴로 관을 뚫는 일이었어. 드드드드 하는 기계 있잖아. 그런데 작업하는 곳이 종아리 정도까지 물이 차 있는 하수관이었거든. 그 기계를 켰는데, 감전이 된 거야. 온몸에 전기가 들어가서 덜덜 떨리는데, 죽었구나 싶더라고. 그 순간 정말 눈앞에서 그동안의 삶이 파노라마처럼 타타타 사진들이 지나가더라고. 다행히 곧바로 옆에서 같이 작업하고 있던 아저씨가 전원을 차단시

켜서 내가 죽지 않고, 살 수 있었어."

"어머나, 정말 무서웠겠다."

"내가 돈 벌려고 아르바이트하러 갔는데, 죽을 뻔했잖아. 이렇게 위험한 일을 나한테 시켰다는 게 얼마나 화가 나던지… 욕이 엄청 나오더라고. 그런 일을 겪고 밖에 나와 담배를 하나 물었는데… '하아, 내가 죽었으면 피지 못했을 담배구나!' 하는 생각이 들더라고. 뭔가 세상이 다르게 보이더라고."

남편은 이를 계기로 삶에서 죽음을 많이 생각하게 되었다고 한다. 그래서 내게도 종종 죽음을 추천(?)했다.

삶은 선택의 연속이고 선택으로 우리 삶의 방향이 바뀌어버리기도 하고, 엄청난 영향을 끼친다. 하나의 선택이 그만큼 중요하고, 이를 우리는 무의식적으로든 의식적으로든 잘 알고 있기에 우리는 선택 앞에서 많은 고민을 하게 된다.

어떻게 해야 할지 몰라 계속 고민을 하고 있는 나를 보며 남편이 내게 결정이 어려우면 죽어보라고 하는 게 아닌가.

"사람은 죽음을 생각하면 결정이 가능해지고, 답을 얻기가 쉬워. 가짜로 죽는 체험도 있대. 그거라도 하고 와 봐."

반복된 죽음 추천에 정말 하기로 했다!

'임종 체험'.

혼자 하기는 너무 무서워서 당시 내가 이끌었던 한 달에 한 번씩 만나는 여자들의 모임에서 진행해 보기로 했다. 한 해의 마무리로 임종 체험을 함께해 보자고 제안해서 여럿이 함께 다녀왔다.

난 공교롭게도 전날부터 크게 체해서 체험을 하는 당일까지 몸 상태가 정말 쓰러지기 일보 직전이었다. 내가 제안해서 진행하는 임종 체험이라 도저히 빠질 수가 없어서 정말 아픈 몸을 끌고 자리에 갔다. 얼굴은 이미 혈색이 없고, 이틀 내리 음식도 못 먹은 상태라 가짜로 죽어보는 과정에 몰입하기 아주 좋은 몸 상태였다. 임종 체험에서는 영정 사진도 찍는데, 찍혀 나온 사진을 보니, 그때 나의 몰골이 영정 사진과 참 잘 어울린다고 생각했다.

임종 체험에서는 죽음에 대해 다시 생각해 보는 시간을 갖도록 해 준다. 강의도 해주고, VCR도 한 편 보여준다. VCR은 시한부 선고를 받고 죽음을 앞둔 가장이 마지막으로 힘겹게 가족과 여행을 가서 가족과의 추억을 만들고, 사랑을 서로 고백하지만, 결국 죽음을 맞이하는 모습이 담긴 영상이다. 그 영상을 보면 정말이지 저 사람이 그토록 살고 싶어 했던 하루의 소중함과 가족에 대한 애정이 절절히 느껴진다.

죽음에 대한 분위기가 무르익으며, 하이라이트인 유서를

쓰는 시간이 되었다. 수의를 입은 채 영정 사진과 촛불을 앞에 놓고, 종이를 받아 유서를 작성하기 시작했다. 주민등록번호도 적고, 기증 여부 등의 내용을 적는데 실제로 이 종이는 사람이 진짜 죽었을 때도 법적 효력이 있다고 한다. 이 종이가 내가 가족에게 남기는 마지막 종이라고 생각하니, 쉽게 펜을 들기 힘들었다. 내 앞에 놓인 종이는 딱 한 장. 그 한 장 안에 나의 마지막 말을 빠짐없이 담아야 했기에, 생각을 잘하고, 정제해서 써야 했다. 쓰기도 전에 눈물이 계속 흘렀다. 좀 더 솔직하게 말하면, VCR을 볼 때부터 이미 현장은 눈물바다였다.

펜을 들었다. 가장 먼저 떠오른 건 예상외로 남편이었다. 난 당연히 부모님이 먼저 떠오를 줄 알았는데, 실제는 아이들에 대한 아쉬움과 미안함, 걱정이 들었고, 우리 아이들을 돌봐 줘야 하는 남편이 지금 내게는 가장 중요한 사람이었다. 남편에게 할 말이 많았다. 아이들을 잘 돌봐 달라고, 그리고 지금까지 나와 연을 맺고 남편이 되어 주어 감사하다는 말이 나왔다. 남편과 만나 연애하고 결혼해 온 그간의 행복한 추억들이 주마등처럼 떠올랐다. 남편이 있어 참 든든하고, 마음 편히 떠날 수 있다는 생각이 들어 감사함이 크게 들었다.

그러고는 부모님께 글을 썼다. 나를 태어나게 해 주고, 사랑을 듬뿍 주면서 키워 주셔서 감사하다고. 부모님이 나의 엄마 아빠라 자랑스럽고 고맙다고. 그리고 먼저 떠나서 죄송하다고 썼다. 나를 잘 챙겨주신 시부모님께도 감사하고 죄송한 마음이 들었다. 시댁 때문에 마음 고생하는 사람들도 많던데 난 참 좋은 시부모님을 만났다.

이제 아이들에게 남기는 글을 쓰는 데, 눈물이 주체할 수 없을 만큼 흘렀다. 이 아이들을 두고 어떻게 떠난단 말인가. 아직도 엄마 손이 많이 필요한데, 그 슬픔과 아픔이 너무 힘들었다. 그럼에도 아이들에게 남기는 말은 슬픔 없이 밝고 따뜻함만 전하고 싶었다. 엄마가 세상에서 가장 많이 사랑했고, 항상 너희들을 지켜줄 것이니, 하고 싶은 것을 마음껏 하면서 건강하고 행복하게 살라고 남겼다.

마지막 남은 한 줄, 하나뿐인 남동생에게 남겼다. (하마터면 남동생을 빼먹을 뻔했다!) 그동안 내 동생으로 살면서 겪은 갈굼, 협박, 무시 등을 사과하면서 너는 참 착하고 좋은 아이고, 이 누나가 참 많이 사랑했노라 적었다.

유서를 다 쓰면 이제 관에 누울 차례다. 관에 누우면 관 뚜껑을 닫아주는데, 임종 체험 진행자가 하나도 들어오지 않을 거라고 말했다. 1분 후에 열어 주겠지만, 그 전에 무서우면 스스로 뚜껑을 열고 일어나라고 했다.

관에 누워 손을 모으고 눈을 감았다. 뚜껑을 덮겠다는 말과 함께 몇 명의 사람들이 돌면서 관 뚜껑을 닫아 주었다.

땅! 땅! 땅!

눈을 떴지만 눈을 감은 것 같았다. 정말 암흑이었다. 아무 것도 보이지 않았다. 갑자기 눈앞에 그동안 살아왔던 모습들이 사진 필름처럼 탁탁 지나갔다. 아이들과 놀이동산에 간 사진, 여행 갔을 때 사진, 같이 놀러 간 사진… 사진 속에는 가족 모두 함께였고, 우리 가족의 표정은 모두 행복했다. 툭툭 지나가는 그 사진들을 보는데 '그동안 나는 참 행복했다!' 하는 생각이 들었다. 그러고 나서 다시 관 뚜껑이 열렸다. 눈부시게 하얀 빛이 들어왔다.

'휴~ 살아있다!'

이렇게 임종 체험이 끝났다.

임종 체험을 해 보고 느낀 게 많았다. 먼저 유서를 쓰면서 내 삶에 중요한 사람들의 순서를 아주 정확하게 알 수 있었다. 당시 어떤 사람 때문에 마음 고생을 좀 하고 있었는데, 죽어보니 정말 그 인간(본심이 나왔네!)에 대해서는 단 1초도 생각나지 않았다. 일상에서는 수시로 끼어들어 인상 쓰게 만들었던 사람이었는데 말이다.

그 후부터 작은 인간관계의 갈등에 대해 크게 생각하지 않게 되었다. 혼자 끙끙대거나 해결해 보겠다고 마음 쓰고,

열심히 노력할 필요가 없다는 생각이 들었다. 어차피 죽을 때 1초도 생각나지 않는 사람인 걸 알게 되니, 그렇게까지 신경 쓸 필요가 없다는 생각이 들었다. 임종체험 후 핸드폰을 켜서 많은 전화번호를 지우고, 인간관계를 정리했다.

그러고서 아주 강하게 다짐한 게 있었다.

'행복했던 추억들만 기억난다! 더 열심히 놀아야 한다!'

관 뚜껑이 내려오고, 내 눈 앞에 펼쳐진 내 삶의 파노라마 사진 중에는 내가 그동안 이뤘던 커리어, 성과, 성공과 관련된 모습은 단 한 장도 없었다! 모두 가족과 함께했던 여행이고, 놀이였고, 추억의 모습뿐이었다.

또 '더 열심히 살 걸. 더 부지런히 일할 걸. 새벽 일찍 일어나 하루를 더 쪼개서 살 걸, 더 성공할 걸, 더 부자가 될 걸, 그런 생각은 단 하나도 들지 않았다.

그저 아이들과 그동안 참 열심히 다니면서 여행하고 놀았던 것만 기억이 났고, 그 기억이 행복해서 죽는 순간 평온하고 행복할 수 있었다. 무엇보다 죽는 순간 후회가 없고, 만족스러운 느낌이라 그게 참 다행이었다는 생각이 들었다.

죽음을 대입하니, 삶의 방향이 쉽게 결정되었다. 내가 사는 이유와 어떻게 살아야 할지를 대략 알게 되었다.

이를테면 일을 해야 하는데, 아이가 같이 놀아 달라고 한다면 아이에게 화를 내는 대신 잠시 놀아주는 선택을 하게 됐다. 내가 지금 죽는다면 지금 이 순간 아이에게 화를 내고 놀아 주지 않았던 것이 후회될까? 아님, 이 일이 방해를 받아서 끝내지 못한 것이 후회될까? 당연히 전자일 것이다. 이런 식으로 죽음을 통해 다시 크게 생각해 보면 답은 명확해진다.

물론 현실을 살아가고 있기 때문에 먼 죽음보다는 현재 상황에 더 영향을 받고 반응하게 된다. 지금 빨리 해야 하는 일인데 아이가 방해한다면 짜증이 나기도 하고, 말을 듣지 않는 아이 때문에 화가 나기도 한다. 현실적인 문제를 해결하기 위해 돈이 필요하고, 이를 위해 일을 해야 하고, 하기 싫은 인간관계를 참아 내야 할 때도 있고, 어쩔 수 없이 감내해야 하는 의무와 책임, 스트레스가 있다. 그런 상황에서 죽음만을 생각하면서 통 크게 현실에 반하는 선택을 하기는 어려울 것이다.

다만, 어쩔 수 없는 일을 해야 할 때 무엇을 위해 이것을 하고 있고, 내 삶에서 어떤 것이 정말 중요한 것인지 인지하게 된다면 상황을 보는 나의 관점과 태도는 달라질 수 있다.

임종 체험을 통해 느끼는 것도 각자 다를 것이다. 내가 본 장면과 더 열심히 놀겠다는 다짐으로 결론 내린 건 오직 나의 경험이고, 나만이 느낀 것일 수 있다.

아예 죽음 체험에 이입되지 않아서 아무 감흥도 느끼지 못할 수도 있다. 하지만, 당시 함께한 대부분의 사람들이 각자 느끼는 바가 컸다고 소감을 나눴을 만큼, 굉장히 인상 깊은 체험이 될 것이다. 임종 체험을 많은 사람에게 정말이지 꼭 추천하고 싶다.

우리가 건강하기 때문에 죽음이 멀게 느껴져서 해볼 만한 체험이다. 우리는 더 잘 살아가기 위해 죽음을 생각해 볼 필요가 있다.

어떻게 살아야 할지 모르겠다면, 또는 인생이 무기력하다면 임종체험을 하기 좋을 때다! 이 책을 읽는 당신이 무엇을 느꼈을지 정말 궁금하다. 나에게도 꼭 이야기를 들려주길… 당신의 소감과 다짐을 기다리고 있겠다.

노는 게 남는 건데,
진하게 놀아야 남는다

"노는 게 남는 거다."

이 말은 모두 다 들어보았을 것이다. 그런데 난 임종 체험을 하면서 정말 이 말을 체험했다. 임종 체험을 통해 가상으로 죽는 그 순간, 신기하게도 그동안의 삶이 필름처럼 타타타 지나갔다.

남편은 나의 가짜 죽음과 달리 진짜 죽을 뻔한 경험을 한 적이 있었다. 감전을 당한 찰나의 순간, 그 짧은 몇 초의 시간 동안 그동안의 삶의 장면들이 타타타 사진으로 지나갔다고 했다. 그 말을 듣고 영화 속 표현처럼 실제 그렇다는 게 신기했는데, 나도 직접 경험해보니, 이젠 정말 죽을 때 남는 건 '노는 장면'뿐이구나 싶다.

노는 게 남는 거라는 말은 먼저 죽어 본 사람으로부터 전해져 내려온 진실의 말이 아닐까?

또 내가 재미있다고 생각한 것은 왜 타타타 지나가는 장면이 동영상이 아닌, 사진일까 하는 것이었다. 분명 내가 본 것은 멈춰 있는 기억의 한 장면, 사진이었다.

오랜 고민을 통해 스스로 내린 결론은 우리의 뇌 용량의 한계로 과거의 모든 기억을 동영상으로 저장하지 못하고, 이 중에 정말 기억에 남는 것을 선별해서 이를 동영상이 아닌 사진 형식으로 저장해 두는 게 아닐까 하는 것이다. 물론 나만의 생각이지만, 관련 책을 보면서도 점차 확신이 드는 일리 있는 주장이라 생각한다.

어쨌든 우리의 기억이 사진이라 가정해 본다면 우리의 삶에서 어떤 장면이 사진으로 저장될지 생각해 보는 것도 필요하지 않을까? 내가 언제 사진을 찍는지 되돌아보니, 대게 평소와는 다른 장소나 예쁜 모습, 또는 재미있는 표정, 놓치기 싫은 장소, 상황에서 사진을 찍는다는 것을 알았다. (사실 굳이 깊게 생각하지 않아도 다들 비슷할 것이다.)

그렇다면 그냥 노는 것이 아닌 사진을 찍어 기념으로 남기고 싶을 정도의 순간을 많이 만들고 싶어진다. 그래야 훗날에 (진짜 죽을 때 필름으로) 지금, 이 순간을 기억하게 되지 않을까 싶다. 이 생각을 밖으로 꺼내기 전에 나는 본능으로 이를

짐작하고 있었던 것 같다. 그래서 이왕이면 더 진하게 놀고 싶어 하는 것 같다.

누구나 무조건 사진을 많이 찍는 상황이 바로 '여행'이 아닐까? 그래서 내가 유독 여행을 그렇게 좋아했던 건가 싶다.

나는 무척 행복한 경험을 하거나, 인상 깊은 순간이 갑자기 찰칵 사진처럼 한 장의 장면으로 느껴질 때가 있다. 나만 그런 건지 궁금하다. 장면이 찍히면 '지금 이 장면이 내가 죽을 때 떠오를 수도 있겠다!'라는 생각을 하기도 한다. 때때로 그런 순간이 있다.

정리하면 우리 가족이 노는 것의 지향점은 '사진으로 남기고 싶은 장면이 많은 순간'이다. 나는 이런 생각을 갖고 임하지만, 남편은 본능적으로 더 진하고, 재미있게 논다. 우리 가족 모두 노는 데 진심이다. 특히 놀이동산에 갈 때는 정해진 복장이 있다. 딸과 아들은 동물 머리띠, 캐릭터 모자를 쓰고, 남편은 도쿄 디즈니랜드에서 산 뿔이 달린 〈겨울왕국〉에 나오는 스벤 캐릭터 모자를 쓴다. 모두 놀이동산 꾸밈을 마치고, 팝콘을 넣은 귀여운 캐릭터 팝콘 통도 준비한다.

남편은 키가 엄청 큰 편인데, 뿔이 높게 달린 모자까지 쓰면 놀이동산에 인파로 가득 차 있어도 바로 찾을 수 있을 정도로 눈에 띈다. 이 모자를 쓰면 놀이동산에 일하는 대부분의 직원들이 특별히 반갑게 인사해준다. 지나가는 사람들도 시선을 주고, 특히 아이들이 많이 좋아하는데, 신기하게 바라보기도 하고, 무서워서 우는 아이도 있다. 밤이 되면 모자가 잘 보이지 않으니, 트리 장식을 하는 용도의 선 조명을 꺼내 모자에 감싼다. 루돌프 불이 나오는 빨간 코는 스벤의 코에 붙여 밤이 되면 반짝반짝 더 화려하다. 밤에도 남편은 단연코 시선 강탈이다. 평소에는 눈에 띄는 것을 싫어하지만, 놀 때는 가장 최선으로 그 순간을 느끼고 즐기려 한다.

예를 들어 동물원에 가면 남편과 아이들은 동물들과 교감하며 논다. 특히 바다코끼리, 고릴라, 원숭이는 남편과 교감이 잘 되는 동물들이다. 이를테면 이런 식이다.

어느 날, 남편이 동물원에 가는 데 바나나를 챙겼다. 그저 간식으로 먹으려고 하나 생각했는데, 원숭이들 보는 곳에서 바나나를 꺼내는 것이었다. 당연히 이 모습을 본 원숭이들은 바나나를 먹고 싶어서 남편이 서 있는 유리문으로 몰려왔고, 남편은 그들을 놀리듯 바나나를 홀짝홀짝 먹는 게 아닌가.

이 순간을 위해 평소 잘 먹지도 않는 바나나를 챙겨온 남편이었다. 그럴 때 보면 남편은 영락없는 일곱 살짜리 어린애 같다. 원숭이한테는 미안하지만, 사진으로 남기고 싶은 재미있는 장면이다.

봄가을에는 자전거를 타고 공원이나 한강에 가는 것을 좋아하고, 여름에는 한강수영장에 자주 간다. 대부분 돈이 별로 들지 않으면서, 예쁜 사진은 그득 남길 수 있는 곳이다. 아이들과 함께 자전거를 타는 장면, 같이 한강에서 연을 날리는 장면, 돗자리를 펴고 집에서 싸 온 도시락을 까먹는 장면, 수영장에서의 잠수 장면… 이런 장면들이 지금 나의 뇌 앨범에 꽂혀 있는 사진들이다.

내가 별로 좋아하지 않는 놀이는 돈만 쓰고, 뻔하게 시간을 떼우는 식으로 이를테면, 키즈카페 같은 곳이다.

나중에 지금 이 순간이 기억날까? 나는 여기에서 사진을 남기고 싶은가? 하고 물어보면 답은 나온다. 예쁜 사진을 많이 남길 수 있도록 많이 놀자.

결국 우리가 죽을 때 남는 건 다른 의미의 사진뿐이다. 정말 "노는 게 남는 거다". 하지만, 진하게 놀아야 남는다는 것을 꼭 말해 주고 싶다.

홀몸 여행

어느 날 아는 언니가 자신의 친구들과 대만 여행을 간다고 했다. 부러워하며 잘 다녀오라고 인사를 했는데 문득 나도 같이 여행을 가볼까 하는 생각이 들었다. 결혼을 한 지 10년이 넘는 시간 동안 여행은 항상 가족과 함께했다. 가족을 두고 나 혼자 따로 해외여행을 갈 수 있다는 생각을 잊고 살았는데 그것도 참 재미있을 것 같았다. 비행기표를 알아보니 금액도 크게 부담되지 않았고, 마침 같은 날에 동일 비행기 항공권도 남아 있었다. 갑자기 가슴이 뛰었다.

'내가 왜 이 생각을 못했지? 아무도 하지 말라고 한 적도 없었는데 말이야!'

방학 기간이라 4학년, 1학년인 아이들은 등교 준비가 필요 없었고, 3박 4일 일정이니 남편이 3일만 아이들의 아침 식사를 챙겨주고, 점심과 저녁은 간단하게 먹을 것들을 준비해 놓으면 큰 아이가 둘째 아이까지 챙겨주고 챙겨 먹을 수 있는 나이가 아닌가. 아이들은 그새 많이 자라 있었다.

남편한테 그 언니의 여행에 나도 껴서 3박 4일 동안 바람 좀 쐬고 오겠다고 하니, 흔쾌히 그러라고 했다. 언니들도 중국어가 가능한 막내의 합류를 환영해 주었다. 이렇게 가족 없이 처음으로 해외여행을 가게 되었다.

가족 없이 떠나는 여행은 준비 과정부터 달랐다. 우선 여행 가방을 싸는 일부터 간단했다. 아이들의 옷가지나 상비약, 숙제나 공부할 거리, 아이들과 매번 외식하기도 어려우니, 급할 때 먹일 햇반이나 라면, 반찬 같은 비상식량도 챙길 필요가 없었다. 3박 4일 동안 입을 옷가지와 세면도구, 속옷, 우산 등 한참을 생각해서 짐을 쌌는데도 작은 캐리어의 반 만 찼다. 이렇게 여행 짐 싸는 게 가볍고 간단한 일이라니! 가벼운 여행 가방을 끌고, 공항으로 나섰다.

챙길 아이들이 없으니, 얼마나 속도가 빠르고 가벼운지 금세 공항에 도착했다. 한 명의 언니는 알고 있었고, 나머지 두 명의 언니들은 공항에서 그날 처음 보았다.

난 사실 그땐 누구와 가든 아무 상관이 없었다. 그저 이렇게 가족 없이 홀몸으로 떠난다는 사실 자체만으로도 자유가 느껴졌다. 암튼 모르는 사람들과 첫 해외 여행이 시작됐다. 목적지는 대만 가오슝이었다.

급하게 결정된 여행이기도 하고, 도중에 끼어 가는 상황이라 나는 사전에 아무 조사도 하지 않고, (조사를 하면 내 의견이 생길 것 같아서 일부러 하지 않았다.) 언니들의 일정대로 그대로 따라가고, 중간중간 중국어 통역이 필요할 때만 나서서 내가 할 수 있는 일을 할 생각이었다. 가족과의 여행에서는 항상 바쁘게 일정을 짜고, 자료를 조사했는데, 이렇게 아무 조사도 준비도 없이 몸만 떠나는 여행도 처음이었다. 물론 머릿속 한편에는 아이들이 잘 있을지, 아이들이 지금쯤 밥을 잘 챙겨 먹었는지, 그런 생각이 자꾸 들었지만, 확실히 홀가분함을 느꼈다.

어른들과의 여행은 매우 편했다. 식사할 때 매운 음식도 마음껏 시킬 수 있었고, 매일 1만 5000보씩 걷는 강행군이었지만, 누구 하나 짜증 내는 사람이 없었다. 가족 여행이었으면 아이들이 힘들다고 진작에 난리를 쳤을 상황이었다.

하지만 언니들은 서로서로 괜찮냐며 걱정해 주고 배려해 주었다. 여행 코스 또한 아이들 볼거리, 즐길 거리 구애받지 않고 아무 곳이나 갈 수 있어 좋았다. 물론 자유롭고 즐거운 여행 안에서도 계속 가족이 생각나긴 했다. 탕후루나 아이스크림 파는 걸 보면 좋아할 아이들의 모습이 생각났고, 술

안주로 좋아 보이는 음식이나 꼬치를 보면, "이거 남편이 좋아하겠네."라는 말이 무의식적으로 튀어나왔다. 내가 하도 가족 이야기를 하니 같이 간 언니들이 여기 와서도 계속 가족 얘기한다며 놀렸다.

"그러게요. 여행할 때는 가족 생각 말고 오직 나만 생각하고 여행하려고 했는데 계속 남편과 자식 얘기를 하네요."

수시로 가족 없이 여행을 다니곤 한다는 한 언니가 이렇게 말했다.

"지금 처음이라서 그래. 계속 다녀봐. 난 이제 여행지에 도착하면 바로 가족을 까먹어."

저녁에 호텔에 와서 애들과 영상통화를 했다. 아이들은 엄마가 보고 싶다고 난리다. 하루밖에 안 지났는데도 엄마 없이 어떻게 잠을 자냐며 막내가 투정을 부린다.

이 모든 순간이 소중하다. 떨어져 있으니 비로소 깨닫는 고마움이고 그리움이 아닌가! 이참에 엄마의 빈자리를 확실히 느끼기를! 하하.

이번 여행에서도 나는 길을 찾고, 돈 계산을 하고, 통역을 담당했다. 이것은 늘 가족여행에서도 내가 해오던 임무이다. 주저함이 전혀 없이 자동적으로 나오는 행동인데, 그 모습을 본 언니들이 정말 고마워했다.

"이런 걸 해주어 고마워."

"이걸 하느라 힘들었지. 덕분에 이렇게 왔네."

"이렇게 애써줘서 고마워."

끝도 없이 고마움을 표현해 주었다. 나는 늘 해오던 것이 었는데, 타인들은 이렇게 고마워하다니… 그동안 우리 가족 은 이런 나의 수고와 노력을 알아주지도 않고, 당연하다 생 각했었는데, 돌아가서는 내 수고를 확실히 알리고, 감사함 도 챙겨 받아야겠다고 생각했다.

밤마다 언니들과 모여 맥주 한잔을 하며 하루를 돌아보고 다리엔 휴족 시간을, 얼굴엔 팩을 한 채 맥주 한 잔을 홀짝이 는 시간도 소중했다. 침대 불을 끄고 못다 한 이야기를 조잘 조잘하다가 잠이 들었다.

당시 갑자기 언니들 사이에 껴서 여행을 가야겠다고 마음 먹었을 무렵의 나는 굉장히 무기력하고 하루하루가 재미없 다고 느낄 때였다. 열정이 없어 아무것도 하기 싫고, 나의 책 임을 다 던져버리고 싶을 때였다. 이번 여행은 일종의 도피 이기도 했다.

그런데 나의 기대보다 훨씬 많은 것을 느끼고 올 수 있었 다. 여행을 다녀오니 가족에 대한 소중함도 알게 되었고, 새 로운 에너지가 확실히 충전된 기분이 들었다.

가끔 이런 좋은 자극이 굉장히 필요하다는 생각이 들었다. 더욱이 오랜 시간 가족 안에서 엄마, 아내, 딸의 역할로서 많은 책임을 지고 살면서, 자신보다 자녀와 가족을 더 위해왔던 엄마들에게는 더더욱 이런 시간이 정말 필요하다.

여행을 다녀와서 새로운 다짐이 생겼다. 앞으로는 이런 자리를 종종 만들어서 아이들 없이 다니는 시간을 가져야겠다는 결심과 이왕이면 구독자, 독자, 인스타 친구들과도 같이 여행을 갈 기회를 만들어 보고 싶다. 만나 본 적도 없지만, 뭔가 보이지 않는 공통된 끈으로 연결된 사람들과 함께 즐거운 추억을 만들어 보고 싶다. 일명 '홀몸 여행'이다. 그들에게 내가 느낀 자유와 또 새롭게 깨닫게 되는 가족의 소중함을 느끼게 해 주고 싶다.

이 글을 읽고 있는 당신과도 꼭 만나보고 싶다! '홀몸 여행' 프로젝트가 이뤄지는 날이 오기를 기원해 본다!

세상이 재미없고, 삶이 무료하다면

　여행 유튜버 빠니보틀이 기안84와 무계획 일본 여행을 가는 영상을 보았다. 기안84는 유명한 여행지 온천을 눈앞에 두고, 남들이 다 가는 곳이니 본인은 안 가겠다고 말한다. 그러고는 처음 오는 버스를 타고 마음 끌리는 곳에 내려서 그곳을 구경하자고 제안한다. 그렇게 처음으로 오는 버스를 타고, 한 대학교가 눈에 띄자 버스에서 내려 온천 대신 사람이 아무도 없는 대학교를 구경한다.

　그들의 여행은 계속 이런 식으로 즉흥적으로 진행되었다. 그 안에서 누구는 반대 의사를 표하기도 하고, 불만이 터져 나오기도 했지만, 대체로 따라 주며 여행은 계속되었다. 영상의 댓글에는 이렇게 즉흥적인 기안84를 맞춰 주며 같이 여행하는 파트너들의 인성을 칭찬하는 내용이 많았다. 이를 보는 독자 중에도 불편함을 느낀 듯 싶었다.

나는 이 여행 영상이 무척 신선하고 재미있었다. 게다가 이미 가 볼 만한 곳은 다 가보고, 해볼 만한 여행은 다 해본 빠니보틀에게는 이제 이런 예측 불허의 여행만이 그의 도파민을 자극할 수 있을 것이라고 생각했다. 역시나 영상 말미에 그는 이렇게 말했다.

"고등학교 때 자전거를 배에 싣고 후쿠오카에 가서 오사카까지 자전거 여행을 했어요. 그게 제 첫 번째 해외여행이었지요. 그땐 일본 신호등 색깔만 봐도 신기하고 재미있었는데, 지금은 여행을 하도 많이 다녀서 웬만한 곳엔 별 감흥이 없어요."

이 말에 격하게 공감이 갔다. 몇 년 전부터 나도 자주 했던 생각이다. 나도 여행을 꽤 오랫동안 많은 곳에 다니다 보니, 점점 새로울 것도 없고, 재미가 점점 줄어든다는 게 느껴진다. 예상되는 뻔한 날씨, 이미 먹어 본 뻔한 맛, 새로울 것 없는 이전에 가본 어딘가가 떠오르는 비슷한 관광 명소, 현지인과 해야 하는 외국어 대화도 귀찮고, 가격 흥정은 더 귀찮다. 예전엔 흥정하는 맛에 시장에 가고, 외국어 글씨의 간판만 봐도 신기하고, 외국인과 외국어나 바디랭기지로 통하는 게 마냥 신기하고 즐거웠는데 말이다.

그래서 이젠 여행지에 도착해서 그곳에서 유명하다는 관광 명소는 아예 패스하는 경우도 많고, 여행자 추천 맛집은 전혀 찾아볼 생각도 안 한다. 젊은 시절 배낭을 메고 세계여행을 했었던 나의 지인은 지금 쉰이 넘었는데, 이젠 여행을 거의 안 간다. 이젠 새로울 것도 없고, 재미도 없고, 에너지도 없단다.

다 이렇게 되는 걸까? 그래서 원하는 걸 전부 이룬 성공한 사람들이 우주선을 타려는 것일까? 이제 그들에게 지구여행은 더 이상 별 감흥이 없을까?

경험이 늘어나고 삶이 무료해지는 건 수순일까? 어느 날부턴가 아침에 눈을 뜨면 의욕이 전혀 나지 않았다. 밤새 충전했을 텐데도 이상하리만큼 에너지는 여전히 바닥인 느낌이었다. 그래서 다시 잠을 자기도 했는데, 그렇게 잠을 자도 몸은 더 피곤하기만 했다. 아무것도 하기 싫은 날이 이어졌다. 청소도, 설거지도, 유튜브도, 글쓰기도 싫고, 친구들과의 연락도 싫었다. 사람들을 만나는 것도 귀찮고, 만사 귀찮았다. 그나마 하는 일은 내 새끼를 굶길 수는 없으니, 겨우겨우 밥을 차려주고, 빨래를 하고, 아이 등하교를 돕는 등의 일 같은 것뿐이었다.

무기력한 상태가 이어진, 나의 이런 감정이 우울증인 건지, 삶이 원래 갈수록 재미없어지는 건지 분간이 되지 않았다. 이런저런 관련 영상을 찾아보았지만, 확실한 답은 얻지 못했다.

많은 영상에서 삶이 무료하면 밖으로 나가 몸을 움직이라고 한다. 하지만 이렇게 몸이 저 바닥 밑으로 침전해 갈 당시에는 그 소리가 불가능하게 느껴질 뿐이었다. 몸을 일으켜 세우기엔 너무 무겁고, 그 몸을 끌고 밖에까지 나가는 것은 엄두가 안 난다.

그때 오히려 내게 도움이 되었던 조언은 삶 자체가 원래 그렇다는 것. 항상 행복하고, 항상 재미가 있어야 한다는 생각 자체가 문제라는 것이었다. 우리는 항상 행복을 꿈꾸고, 즐겁게 잘 살고 싶은 바람이 있기에 이를 위해 열심히 노력하며 산다. 그런 노력과 또 즐거운 경험들이 잠시 삶이 지루하고 무료해지면 그 상황을 견디지 못하게 만드는 것 같다는 생각을 처음으로 하게 되었다.

SNS나 유튜브, TV 속 사람들은 크게 웃고, 크게 감동하고, 크게 즐거워한다. 그들의 행복의 크기가 어느새 기준점이 되어 나의 즐거움은 작아 보이고, 밋밋한 하루하루가 불행하고 무료하게 느껴지면서 이런 상황을 빨리 고쳐야 하는 문제라고 생각하게 되었다.

그러나 조금만 주변으로 시선을 돌려 보면 다들 무료한 하루하루를 열심히 살고 있다. 그런 사람들이 대부분이다.

누군가는 무료함이 일상이고, 오히려 그런 기분이 사치일 수도 있다는 것을 알게 되니, 이 역시 나의 욕심 때문이라는 것을 알게 되었다. 행복을 바라는 욕심이 오히려 삶을 더 무료하게 만든 것 같았다. 더 재미있는 것, 더 새로운 것이 있어야 행복하고, 그것이 없는 반복된 일상은 견디지 못하는 게 아닐까?

다시 묵묵하게 일정한 삶의 루틴을 만들어야 한다. 지루한 일상을 잘 버텨내는 힘을 기르는 것이 내게 필요한 일이라는 생각이 들었다. 그래서 운동을 시작하고, 아이들과 특별할 것 없는 집 근처 공원으로 자전거를 탔다. 시간과 노력이 많이 소요되는 번역 일에 도전해 보고, 지루함을 견디고 끈기를 길러 보기로 했다. 똑같은 일상, 똑같은 풍경, 지루한 일들을 반복했다.

분명 효과가 있었다. 지루한 하루에 작은 재미가 큰 행복을 주었다. 같은 자전거 길을 갔지만, 아이의 자전거 실력은 하루가 다르게 변하고 있었다. 수영도 차츰 실력이 늘고, 새로운 것을 배우는 재미가 있었다. 번역은 지루하고 고된 일이었지만, 그 안에 집중하는 몰입의 시간의 희열과 함께 나의 실력이 늘고 있는 뿌듯함도 생겼다.

뻔한 행동, 새로울 것 없는 루틴 안에서 새로운 재미를 만났다. 삶이 무료하다고 불평만 할 게 아니라, 이렇게 나 스스로 노력이 필요했던 것이고, 나의 행복이 욕심임을 깨닫자, 방법이 의외로 쉽게 나타났다. 여행이 재미없어지면 뻔하지 않은 새로운 곳을 찾아 떠나면 되었다. 그리고 그런 여행지는 당연하게 분명 존재한다. 내가 가진 작은 경험 안에서 세상만사 다 해 본 듯 지레짐작하며 새로운 곳을 찾는 노력이 부족했음을 이번에 새롭게 도전한 여행 방식인 고산 트레킹에서 확인했다.

이젠 삶의 무료함을 바라보는 관점이 조금 달라졌다. 없애야 하는 문제가 아닌 받아들이고, 적응이 필요한 것. 또 다른 재미나 도전을 추가해서 이겨낼 수도 있는 것으로 받아들이고 있다. 물론 지금의 내가 열정이 막 샘솟고, 에너지가 넘치는 그런 모습으로 바뀐 것은 전혀 아니다. 여전히 하루하루 게으름과 싸우고 있고, 하기 싫어 죽겠어서 미루고 싶은 마음이 드는 날이 일쑤고, 도전을 후회하기도 한다.

하지만 자고 일어났을 때 몸이 확실히 가벼워졌고, 루틴이 익숙해졌고, 고통 뒤에 성장이 주는 확실한 재미를 느끼며 하루하루를 보내고 있다.

어쩌면 무료함은 나이가 들고, 삶의 경험이 늘어남으로써 당연하게 따라오는 것일지 모른다. 그리고 꼭 나쁜 것만도 아니라 생각한다.

결국엔 온 삶이 익숙한 것으로 가득 채워지고, 조용히 멈쳐 눈감고 세상을 떠나는 날이 올 테니까 말이다. 이를 받아들이면서 적응해 가는 한 편, 또 다른 재미를 찾는 노력도 해나가고 싶다. 그럼 삶이 무료하고 지루한 것도 당연하다 생각하며 잘 받아들이고, 또 작은 것에도 재미를 느끼며 나이 들 수 있을 것 같다.

에너지를 충전하는 방법

삶에서 가장 바쁜 시기가 40대가 아닐까 싶다. 그러다 보니 혼자만의 시간이 너무 소중하고, 절실하다. MBTI가 유행인데, 내향적인 성격을 뜻하는 I와 외향적 E를 구별하는 것 중에 타인을 만났을 때 에너지가 충전되는지 아닌지 구별하는 것이 있더라. 내 친구들은 믿지 않기도 하지만 나는 MBTI에서 I로 나오는 내향적인 성격을 갖고 있다.

실제로 나는 가족 외의 사람들을 만나면 집에 돌아와서 혼자 다시 에너지를 충전해야 한다. 내가 먼저 약속을 잘 잡지 않고, 약속이 정해지면 기대하면서 나가고, 즐겁게 시간을 보내지만, 약속이 펑크 나면 화가 나기보다는 다시 혼자 쉴 수 있어 좋다는 생각이 더 크게 든다.

내향적인 사람들이 그렇듯 나는 혼자만의 시간을 매우 좋아하는데 이 시간을 통해 에너지를 충전하는 느낌이다. 내가 에너지를 충전하는 방법은 책 읽기, 운동, 노트 쓰기, 명상이 있다.

책 읽기: 핸드폰 중독으로 인해 집중력이 많이 떨어졌음을 절실하게 느낀다. 요즘엔 책을 읽다가 다시 핸드폰을 보게 되거나 딴생각하게 된다거나 하는 경우를 많이 발견한다. 과거보다는 독서량도 많이 줄었지만, 그럼에도 책 읽는 시간은 여전히 나를 성장시키고, 위로받고, 힐링 되는 시간이다.

집중력이 좋지 않은 나의 책 읽기 노하우는 여러 책을 돌아가며 동시에 읽는 것이다. 책이 집 사방에 놓여 있다. 침대 옆, 화장실, 식탁 위, 책상 위, 피아노 위나 바닥에 책이 놓여 있기도 한다. 책을 펴서 조금 읽다가 지루해지면(집중력이 끝나면) 덮는다. 억지로 읽지 않고, 자연스럽게 편다.

이 책이 재미없어지면 다른 책을 편다. 이렇게 읽으면 지루하지 않게 의외로 꽤 많이 읽을 수 있고, 때때로 분야가 전혀 다른 책에서 겹치는 이야기가 나올 때가 있기도 해서 정말 신기한 마음에 계속해서 볼 수 있다. 관심 분야가 생기면 동일 키워드로 책을 여러 권 도서관에서 빌려오고, 그중에서 지루한 책은 덮어버리고, 재미있는 것을 골라 읽는다.

예전에 독서는 뭔가 해야만 하는 할당량 같은 느낌도 있었는데, 지금의 독서는 욕심도 많이 없어지고, 훨씬 자연스럽게 이뤄진다.

책을 읽고 좋은 부분이 나오면 노트에 적어 두기도 하고, 내 상황에 빗대 질문을 던져 보면서 생각하는 시간을 가지려고 한다. 이때 많은 아이디어가 나오기도 한다. 때론 반성을 하는데, 결국 이것을 위해 책을 읽는 게 아닌가 싶다.

운동: 예전엔 요가를 참 좋아했다. 똑같은 동작도 매번 다르게 느껴지는 것이 신기했고, 어제보다 더 동작이 수월해지는 성장의 기분도 좋았다. 무엇보다 고요한 분위기에서 진행되는 수업 분위기가 좋고, (그래서 플라잉 요가는 나랑 참 안 맞더라.) 조용한 음악도 좋다. 한 시간 내내 명상하고 오는 기분이라 요가를 하고 나오면 나 자신과 더 가까워진 느낌이 든다.

20대 초반엔 헬스장도 자주 갔었는데, 지금은 대부분의 헬스장이 음악 소리가 너무 크고, 조명도 너무 어둡거나 현란해서 잘 가게 되지 않는다. 요즘 빠져 있는 운동은 수영이다. 물속에 들어가면 살기 위해 (정말 죽을 것 같다.) 집중력을 끌어모은다. 팔 동작, 발 차기 동작, 호흡에 집중하느라 딴생각이 들어올 틈이 없다. 잡생각을 버릴 수 있어 참 좋은 것 같다. 게다가 나이 들수록 필요한 근육과 유연성, 폐활량까지 좋게 만들어주면서 관절에 무리도 가지 않는 운동이니 앞으로도 할머니가 될 때까지 오래오래 계속하고 싶다.

노트 쓰기: 나는 몇 년 전부터 '끌어당김 노트'라고 부르는 내 자신과의 대화 노트를 쓰고 있다. 처음엔 끌어당김의 법칙을 통해 소망을 더 잘 이뤄내 보고자 시작한 노트인데, 나도 모르던 내 생각을 발견하게 되면서 상처를 치유하고, 위로를 받게 되었다. 고민이 있을 때는 이 노트에 털어놓고 생각해 보면 답을 얻는 경우도 많았고, 좋은 아이디어가 나온 적도 많다. 그래서 지금은 이 노트를 바람 쓰기, 고민 털어 놓기, 아이디어 얻기, 반성하기 등 다양한 용도로 쓰고 있다. 때론 초를 켜고, 와인도 한 잔 준비해서 내 자신과의 소중한 대화 시간을 갖는다. 만년필로 글씨 쓰는 것을 좋아하는데, 잉크가 술술 나오면서 쓱쓱 소리 내며 나의 무의식 속 생각들이 나오는 그 과정이 무척 좋다. (만년필 잉크를 채우는 과정도 너무 힐링 된다. 전혀 귀찮지 않다.)

명상: 요가 시간에 명상하다 몸의 감각이 사라지는 것을 경험한 뒤에 명상에 관심을 가지게 되었다. 그래서 관련 책

을 찾아보고, 또 그런 기분을 경험하고 싶어 집착하기도 했다. 깨달음을 얻는 것이 삶의 목표가 되어야 하는 게 아닌가 하고 혼자 심오하게 생각했던 적도 있었다. 지금은 현실과 잘 타협해서 훨씬 가벼운 마음으로 명상을 한다. 머릿속이 복잡하거나, 평온한 시간을 즐기기 위해 명상을 하기도 하고, 불안감이 엄습할 때 하기도 한다. 과거부터 만들어져 전해온 인간의 무의식에는 우리보다 큰 짐승이 언제 쳐들어올지 모른다는 긴장감, 그들에게 먹힐지 모른다는 불안감이 새겨져 있다. 그것이 인류의 불안감의 근원일지 모른다는 생각을 자주 한다. 즉, 인간은 지울 수 없는 근원의 불안감을 가지고 있다. 물론 과거의 기억이나 현실의 상황, 또는 불확실한 미래로 인해 만들어진 불안감도 있을 것이다. 우리가 불안할 때는 호흡이 얕아지고, 몸이 긴장되어 단단해지고, 불안감을 추가하는 부정의 상상이 더해진다. 그럴 때 명상이 도움된다.

명상이라고 해서 꼭 가부좌를 틀고, 스님들처럼 제대로 해야 하는 것은 아니다. 그저 눈을 감고 심호흡하는 것으로 시작하면 된다. 마시는 숨보다 뱉는 것을 먼저 하고, 깊게 끝까지 숨을 뱉어 보려고 노력해 보자. 그럼 자연스럽게 다음 마시는 호흡이 깊어지고 느리게 호흡할 수 있다. 의식은 호흡이 오가는 코를 바라보고, 자세가 불편한 부분이 없는지 살펴보면서 편안한 자세, 편안한 표정을 하기 위해 계속 힘을 빼 본다. 잠시 이렇게 하는 것만으로도 불안한 감정이나 긴장이 많이 풀릴 수 있다.

반대로 기분이 아주 좋을 때 하는 명상도 추천한다. 좋은 곳에 놀러 가서 좋은 공기가 가득하고 기분이 상쾌할 때 잠시 멈춰서 명상을 해 보는 것이다. 이 좋은 공기, 기운을 내 몸 저 깊은 곳까지 그득 담겠다는, 이 좋은 기분을 더 극대화하겠다는 의지가 엿보이듯 명상하곤 한다. 실제로 좋은 기분이 훨씬 더 좋아진다.

명상에 크게 부담을 가질 필요는 없는 것 같다. 걸으면서 내 발바닥의 느낌에 집중해 보는 것도 명상이고, 잠시 호흡을 가다듬는 것 또한 명상이다. 내 몸을 느끼고, 감정을 알아주는 것도 명상이라고 생각한다. 이렇게 가볍게 접근하면 당신도 일상에서 명상을 더 잘 활용할 수 있을 것이다.

나만의 에너지를 충전하는 여러 가지 방법을 소개하며 이야기해 보니, 그것만으로도 다시 기분이 좋아짐을 느낀다. 마치 내가 진정 좋아하는 장난감을 친구에게 소개하며 자랑하는 것 같다. 이 재미있는 장난감들을 진심으로 당신도 함께 즐겨 보면 좋겠다.

당신은 대단한 사람이다

가끔 사람들을 만날 기회가 있는데, 그때마다 듣는 말이 있다.

"소피아님, 대단하세요! 아이도 키우면서 이렇게 강연도 하시고, 유튜브도 하고… 책도…"

때때로 사람들은 나를 슈퍼우먼이나 무한 열정을 가진 부지런한 사람으로 보는 경우가 많다. 그럴 때마다 내가 하는 생각이 있다

'저보다 당신이 훨씬 더 대단한 사람이에요. 그걸 당신 자신이 잘 모르고 있을 뿐이죠.'

실제로 상황이 좀 여유로우면 입 밖으로 이 말을 뱉기도 한다. 그러면 상대는 자신은 그렇지 않다고, 평범하다며 손

을 내젓는다.

나는 많은 이들이 스스로의 대단함을 잘 모르고 살아간다고 생각한다. 여러 이유가 있겠는데, 밖으로 티 나는 결과물이 없거나, 외부적으로 인정받을 수 있는 일이 아닌 경우가 많기 때문이다. 내가 보는 대단함은 결과가 아닌 과정에 있다.

살림과 육아가 힘든 이유는 끝이 나지 않는 일이기 때문이라는 것을 해 본 사람은 모두 공감할 것이다. 게다가 잠시 멈추면 바로 티가 나기까지 한다. 살림도 쉴 수 없지만, 육아는 더더욱 24시간 운영해야 한다. 이 중 한 가지만 해 내고 있어도 대단한데, 두 가지를 다 무난하게 해내고 있는 사람이라면 정말로 대단한 사람이다.

부지런히 장을 봐서 소분해서 냉동고에 정리하고, 빠진 재료를 체크해서 냉장고에 채워두고, 오늘은 뭘 먹을지 다음 식사를 생각하고 준비하는 사람들. 늘어나는 역할과 할 일들을 추가해 가면서 직장에서 자신의 몫을 해내고 있는 사람들. 한 취미를 수년간 지속해 오고 있는 사람들. 특히 티도 안 나고, 재미도 없는 힘든 일, 무거운 책임을 진 역할을 오랜 기간 묵묵히 해오고 있는 사람들이 진짜 대단한 사람들이다.

얼마나 부지런하고, 정성이 있는 사람인가? 정말 세상에 태반이 나보다 더 열심히, 성실히, 부지런하게 사는 사람들이다. 하지만 그들은 스스로가 얼마나 대단한지 모른 채, 그저 해야 하니 하는 것이라는 겸손 가득한 생각만 할 뿐이다. 많은 일이 바로 티가 나지 않고, 정확한 능력치를 확인하거나, 그에 맞는 적절한 인정(수입이나 감사, 칭찬 등)을 받지 못하다 보니, 자기 능력과 노력에 대하여 과소평가하는 경우가 많다.

이와 반대로 세상에서 대단하다고 추켜세워진 사람 중에는 티 나는 일을 했고, 결과가 좋았기 때문인 경우도 많다. 즉, 당신이 대단하다고 생각하는 사람의 실제가 그렇게 대단하지 않을 수 있다. 환상을 깨라는 소리가 아니라, 그 사람의 너머를 바라보길 바란다. 또 자신에 대해 더 자부심을 느끼길 바란다.

중요한 것은 자신에게 맞는 삶을 살아내는 일이다. 자신이 평온하게 느껴지는 하루하루를 보낸다면 그것 자체가 엄청나게 대단한 일이고, 멋진 삶이라 생각한다. 시선을 타인에게서 자신에게 돌려 보면 세상에 그렇게 부러울 것도, 대단할 것도 별로 없다. 그저 나의 삶만 있을 뿐이다. 나에게 주어진 삶을 묵묵히 살아내고 있는 멋진 내 모습만 있을 뿐이다.

자신의 하루에 자부심을 갖자! 우리 모두는 정말 대단한 사람이 맞다! 자부심과 자신감을 가지고 계속 묵묵하게 또 하루를 살아내자.

"중요한 것은 자신에게
맞는 삶을 살아내는 일이다."

마흔, 당신은 혼자가 아니다

큰 책임감을 어깨에 진 채, 결코 녹록지 않았던 삶을 여기까지 잘 이끌고 왔다. 때론 짐이 너무 무거워 다 던져버리고 아무도 모르는 곳으로 훌쩍 떠나 버리고 싶기도 했다. 너무 많은 역할과 책임, 욕심에 비해 따라주지 않은 체력 때문에 슬프고 화도 났다. 그러면서 또 웃고 행복했다.

돌아보니, 참 많은 일들이 있었다. 그 안에 씩씩하고, 항상 웃으려고 노력했던 내 자신이 보인다.

참 기특하고 대견하다. 나에게도, 그리고 당신에게도 이쯤에서 크게 칭찬해 주고 싶다.

"지금까지 잘 살아냈고, 정말 수고 많았다."

《요즘 마흔을 위한 마음 챙김》이라는 기획안을 받고, 하고 싶은 이야기가 줄줄 떠올랐다. 나를 10년 넘게 보아 온 편집장의 예리한 맞춤 제안이었다. 이쯤에서 삶을 돌아보는 것도 의미 있겠다 싶었다. 무엇보다 나와 당신의 마흔을 격려하고 싶었다. 이를 통해 이 시대 마흔들과 함께 더 힘을 내서 남은 40년을 더 잘 살아내고 싶은 마음이었다. 글을 마치니 그 바람이 어느 정도 이뤄진 기분이 들어 혼자 뿌듯하다.

책을 쓰는 일은 항상 외롭지만, 이번만큼은 마흔의 친구들과 함께 하는 기분이었다.

'이 이야기는 분명 공감할 거야…'

'이 부분에서 난 참 울컥한데, 독자들도 눈물이 흐를까?'

'이 에피소드에서는 피식 웃음이 터졌으면 좋겠네…'

이야기를 털어 놓으면 분명히 공감해 줄 것 같은 존재가 있다는 것만으로도 큰 위안과 힘을 얻을 수 있었다. 글을 쓰면서 주변의 마흔들을 열심히 관찰했는데, 동지애 같은 게 느껴졌다. 모두 많은 역할과 책임감을 느끼며, 결코 쉽지만은 않은 40대를 열심히 살아가고 있었다. 그들에게서 나를 볼 수 있었다. 반성이 되기도 하고, 칭찬을 해 주고 싶기도 하고, 무엇보다 큰 용기가 생겼다. 모두 이렇게 마흔을 '기꺼이' 받아들이고, '감사한 마음'으로 살아가고 있다.

이 시대를 살아가고 있는 멋진 마흔들에게 말하고 싶다.

"우리 앞으로의 40년도 잘살아 보자!"

글을 쓰는 순간은 늘 힘들지만, 삶이 그런 것처럼 돌아보면 참 감사하고 행복한 과정이었다. 이 순간을 만들어준 이너북 이선이 대표님과 심미정 편집장께 진심으로 감사의 말씀을 전하고 싶다. 저를 깊게 이해하고 부족한 저자의 역량을 끌어내 주심에 감사하다.

늘 응원해 주고 지지해 주는 고마운 양가 부모님께도 감사의 말씀을 전한다. 건강해서 남은 시간 함께 더 많은 추억을 만들었으면 좋겠다. 무엇보다 글을 쓰는 고된 과정을 함께 인내해 주고, 도와준 이해심 많은 남편과 삶의 기쁨을 더 크고 진하게 만들어주는 나의 아이들 반짝반짝 수정이와 해피 강이에게 사랑한다는 말을 전하고 싶다.

끝으로 지금까지 나의 이야기를 함께 해 준 당신에게 진심으로 감사함을 전한다. 고맙다. 당신과 나는 동지이니, 힘들 땐 서로가 있음을 기억하고, 용기를 내서 또 하루를 살아내 보자. 지금까지 잘 살아온 것처럼 남은 시간도 잘 살아낼 것을 믿는다. 당신과 나의 건강과 안녕을 기원하고 응원을 보낸다.

요즘 마흔을 위한 마음 챙김

초판 1쇄 발행 2024년 12월 19일

지은이 소사장소피아 (박혜정)
사 진 백승암, grigio
발행처 이너북
발행인 이선이

편 집 심미정
디자인 이유진
마케팅 김 집

등 록 2004년 4월 26일 제2004-000100호
주 소 서울특별시 마포구 백범로 13 신촌르메이에르타운Ⅱ 305-2호(노고산동)
전 화 02-323-9477 | **팩스** 02-323-2074
E-mail innerbook@naver.com
블로그 blog.naver.com/innerbook
포스트 post.naver.com/innerbook
인스타그램 @innerbook_

이너북은 독자 여러분의 소중한 원고 투고를 기다리고 있습니다.
원고가 있으신 분은 innerbook@naver.com으로 보내주세요.